南瓜之車

啊南瓜
南瓜種在星子與星子
之間的雲泥上
開花，完熟，化成了
黃金的車輛

南瓜的籽是我們的夢
星圖是我們身世的臉譜
占星之學是我們的靈魂所
隨身攜帶的天平
在偌大的宇宙中
我們不會迷航
憑著地圖
靈魂有他最好的旅行方向

親愛的你
坐上黃金的馬車了嗎？

十二星座

Astrological Signs

行星與星座互動的生命密碼

韓良露 著

韓良露
生命占星學院

興趣廣泛、身份多元的知名文化人韓良露，除了大家熟知的作家、媒體人及文化推動者身份之外，她也是藝文圈中最受重視的占星學大師。

二〇〇三年起她在金石堂金石書院（現龍顏講堂）開設占星課程，由於口耳相傳、好評不斷，課程一直持續到二〇一〇年才劃下休止符。在長達八年的四百多堂課中，她以歷史、哲學、心理學、社會學的角度，將占星的深層智慧化為生動的教學內容，讓大家在學習與命運對話的同時，獲得看待人生的更高視野。

這一系列課程不但架構了宇宙法則的邏輯，也融入她對人性與社會的觀察，但因資料整理工程浩大，成書計劃一直未能完成，為避免這些珍貴課程內容成為絕響，南瓜國際透過多年來數量龐大的上課錄音及相關資料，依據當時課程的規劃邏輯，整理成為系列書籍，期望能藉由文字重現精彩、動人且充滿智慧的上課盛況。

每一年太陽在春分日直射赤道，然後逐漸北移至北回歸線，再南移經過赤道繼續南移到南回歸線，再往北在隔年的春分重新回到赤道。西洋人將晝夜等長的春分日視為春天的開始，並且將春分設為黃道的起點，也就是牡羊座零度。

占星學的結構是非常有趣的，我們從牡羊座、金牛座，一路走到寶瓶座、雙魚座，可以看到占星哲學意識的拓展過程。從黃道星座的順序中，我們可以看到個體發展的方向：由個人能量的萌芽建立自我意識，之後開始面對各種人際關係與社會關係，最後朝向宇宙能量的理想邁進。

春分是萬物萌芽的時候，十二個黃道星座中的第一個星座牡羊座，代表的正是個人意識的萌芽。每一個個體必須先以自我為中心，才能建立起自我意識，因此我們常說牡羊座很「自我中心」，但並不會覺得他們很自私。

當一個小孩知道了什麼是「我」之後，就會對「我的手」、「我的腳」、「我的頭髮」很感興趣，所以小孩子出生不久之後，會有一段時間很喜歡玩自己的手腳、頭髮。當一個個體有了「我」的自我意識，接下來就要探索什麼是「我的」。金牛座代表的就是自己與自己的擁有物之間的關係。

接下來小孩子會開始注意到周遭的環境，不管是嬰兒床上叮噹作響的嬰兒玩具，或者是那些不時探頭探腦的奇怪生物，他們會注意到大人跟他們說話的聲音，開始想要跟外界打交道，於是進入了雙子座的領域。

剛出生的小嬰兒並沒有辨識媽媽的能力，只要有人餵，就會有奶便是娘，他們必須先具備跟外界溝通的能力，才會開始知道哪一個人是自己的媽媽，進而跟自己的父母產生情感連結與歸屬感。這就是巨蟹座要探討的範圍。

當個體開始知道什麼是「我」，什麼是「我的」，有能力跟環境互動，並且能夠與親近的人產生情緒的連結，就可以算是擁有了完整的自我意識（ego）。這個階段的小孩開始有說話的能力，也開始會有意識的哭、有意識的笑，他們這個時候哭絕對不只是因為單純的肚子餓，而是顯示他們高興或生氣的方式。這個時候就進入了獅子座自我表達的領域。

一個個體從自我意識的萌芽，一直發展出完整自我意識的表達能力之後，就要開始追求完美的自我。而這就是處女座最核心的意義。大家都知道處女座很挑剔，不但挑剔別人，也挑剔自己，而挑剔是為了要讓自我更加完美。

處女座對於完美的追求，目的就在於要先讓個體完美，兩個完美的個體結合時，才能達到天秤座的和諧境界。相對於天秤座的和諧是一種理念上、意識上的連結，天秤座具有邏輯的清楚的合作關係，天蠍座代表的是則人與人之間隱藏的溝通。天蠍座喜歡知道別人的祕密，也有能力知道很多別人沒有講出口的隱藏意識，他們長於潛意識的溝通。但是一旦潛意識攤牌，隱藏的欲望就會浮上檯面，當各種貪瞋癡慢疑的問題就會出現。

人馬座代表人類集體高等知識的連結，也就是神性。神性都是一般人平常做不到的特質，包括慈悲、關懷、寬恕。為了避免一直陷在天蠍的人性黑暗面，我們會需要一些高於所有「人」的存在的靈性追求，因此我們會開始探索人馬代表的神性世界，藉由一個更高的存在來提升自我。

人馬代表的是高等的個人知識，而摩羯的任務是要將這些高等知識化為集體結構。摩羯要將種種人馬發展出來的種種理論付諸實現。人馬如果代表了正義，摩羯則代表社會上實施正義的法律，如果人馬發展出的是關懷，摩羯就需要將關懷化為組織。

摩羯將知識化為集體，寶瓶則代表結構瓦解之後的理想。寶瓶的能量可以為了理想而超越個人或組織的利益。

相對於天蠍個體與個體之間的潛意識溝通，雙魚完全是集體無意識領域。雙魚座的能量並不是取決於意識間的欲望，它隨著宇宙無意識而隨波逐流。天蠍是激情（passion），而雙魚是同情（compassion），天蠍的激情一定在於我對你的熱情，唯有雙魚可以讓我跟你同時在宇宙的激情中同時並存。

每個人的本命星圖中，每一個星體會隨著落入星座的不同，而以不同的特質來展現能量。如果不透過星體，星座的能量就無從展現。本命星圖中的內行星的位置未必會對當事人命運造成影響，但對當事人的個性一定影響很大：太陽代表這個人的意志與人生目標；月亮跟情緒與安全感有關；水星代表一個人的心智與溝通能力；金星代表一個人的情感與喜歡的事物；火星則跟行動力及欲望有關。本命星圖的外行星中，木星代表當時被社會鼓勵的價值，土星代表跟社會有關的限制與壓力，天王星代表社會集體意識求新求變的力量，海王星代表社會集體意識的夢想，冥王星代表社會集體意識巨大的潛藏力量。每個年代會因當時外行星落入的星座而有不同的社會集體意識，出生在那段時間的人，會將集體意識會內化成性格的一部分與生命能量，影響他們一輩子。

現在，我們就從牡羊座開始，帶領大家深入理解十二個星座彼此之間的關係及核心意義，藉由太陽、月亮等主要行星在這些星座的運作，解開星圖中的生命密碼。

註　本文內容由二〇〇五年及二〇〇七年，「星座」課程相關錄音彙整編寫而成。

目錄

前言 4

Chapter 1 **牡羊座** 11

太陽牡羊／月亮牡羊／水星牡羊／金星牡羊／火星牡羊／木星牡羊／土星牡羊／
天王星牡羊／海王星牡羊／冥王星牡羊

Chapter 2 **金牛座** 35

太陽金牛／月亮金牛／水星金牛／金星金牛／火星金牛／木星金牛／土星金牛／
天王星金牛／海王星金牛／冥王星金牛

Chapter 3 **雙子座** 55

太陽雙子／月亮雙子／水星雙子／金星雙子／火星雙子／木星雙子／土星雙子／
天王星雙子／海王星雙子／冥王星雙子

Chapter 4 **巨蟹座** 77

太陽巨蟹／月亮巨蟹／水星巨蟹／金星巨蟹／火星巨蟹／木星巨蟹／土星巨蟹／
天王星巨蟹／海王星巨蟹／冥王星巨蟹

Chapter 5 獅子座 105
太陽獅子／月亮獅子／水星獅子／金星獅子／火星獅子／木星獅子／土星獅子／
天王星獅子／海王星獅子／冥王星獅子

Chapter 6 處女座 137
太陽處女／月亮處女／水星處女／金星處女／火星處女／木星處女／土星處女／
天王星處女／海王星處女／冥王星處女

Chapter 7 天秤座 163
太陽天秤／月亮天秤／水星天秤／金星天秤／火星天秤／木星天秤／土星天秤／
天王星天秤／海王星天秤／冥王星天秤

Chapter 8 天蠍座 191
太陽天蠍／月亮天蠍／水星天蠍／金星天蠍／火星天蠍／木星天蠍／土星天蠍／
天王星天蠍／海王星天蠍／冥王星天蠍

Chapter 9 人馬座 211
太陽人馬／月亮人馬／水星人馬／金星人馬／火星人馬／木星人馬／土星人馬／
天王星人馬／海王星人馬／冥王星人馬

Chapter 10 摩羯座 231
太陽摩羯／月亮摩羯／水星摩羯／金星摩羯／火星摩羯／木星摩羯／土星摩羯／天王星摩羯／海王星摩羯／冥王星摩羯

Chapter 11 寶瓶座 259
太陽寶瓶／月亮寶瓶／水星寶瓶／金星寶瓶／火星寶瓶／木星寶瓶／土星寶瓶／天王星寶瓶／海王星寶瓶／冥王星寶瓶

Chapter 12 雙魚座 277
太陽雙魚／月亮雙魚／水星雙魚／金星雙魚／火星雙魚／木星雙魚／土星雙魚／天王星雙魚／海王星雙魚／冥王星雙魚

Chapter/1

牡羊座

牡羊座代表了自我意識的萌芽，而自我意識的起點在於先要知道「我是誰」。牡羊座認知「我是什麼」時會先從「你不是什麼」開始，他們很在乎這一點——如果我是第一名的話，你就不可以是第一名；我可以坐第一個位子的話，你就不可以坐第一個位子。牡羊有非常強烈的領土觀念，當牡羊認為什麼東西屬於他，別人就不可以拿。牡羊總是忍不住想要爭先恐後。牡羊的個性中有一種天真單純的特質，非常像孩童，因此大部分的人都很容易包容他們的缺點。

有一次我請一個朋友幫南村落寫一篇關於飲食的稿子，這個朋友平常寫的稿子多半是文化評論，但這篇飲食文章也寫得非常好，我就告訴了我的太陽牡羊朋友。他聽了之後立刻跟我說：「那是因為你沒找我寫。如果你找我來寫，我一定寫得更好。」

我的牡羊朋友稿子當然寫得好，別人寫得好也不意謂著牡羊就寫不好。可是對於牡羊座來說，如果別人是什麼，自己就不是了。牡羊座只要看到別人好，他們就忍不住想要來較量一番。

我有一個牡羊座的朋友，她跟我年紀相當，名字裡面也有個「璐」，很多跟我很熟的老朋友都叫我Lulu，很多跟她很熟的老朋友也叫她Lulu。有一次我們在一個聚會上遇到，她發現這件事情之後大吃一驚，於是跑過來跟我說，「我們兩個都叫Lulu似乎不太好，或許你改叫Lucy好嗎？」我聽了之後不禁莞爾，這真是非常牡羊的作風，於是回答她：「我們難道不能兩個人都叫Lulu嗎？」Lulu只不過是一個名字，我可以是Lulu，你也可以是Lulu。

牡羊喜歡競爭，他們往往只顧著想贏而不考慮其他，如果只是很單純的競爭，比如運動比賽或者加班，他們都能做得很好，但是他們在做自己人生重大決定時，尤其是中年以後，就得格外注意自己的這個傾向。

每一個星座原型中都有能量發展的三部曲，年輕的牡羊往往還只停留在牡羊能量最低的階段，這會使他們格外的不受人歡迎。但是隨著他們在社會上不斷的歷練成長，他們就會從「我一定要」、「我是，你不可以是」，轉變成第二個階段「我是，你也是」，進而進化到第三個階段的「我們大家都可以是」。當牡羊可以發展到第三個階段時，他們就會是一個受人歡迎的牡羊。

太陽牡羊

太陽牡羊的人很有活力、很直接，是天生的反對者，他們基本上都會覺得自己是對的。太陽牡羊是領導型的人，他們不喜歡聽別人的指揮。他們都不會是性格軟弱的人，在社會上表現出來的衝刺力也一定比其他星座的人更強。

太陽牡羊不管男性或女性，他們的父親一定比較強悍，他們的父親未必也是牡羊，但都不會是一個軟弱的人。太陽牡羊的人在成長歷程中一定經歷過一個辛苦的階段，可能他們的父親或者他們的家庭會出一些問題，因而激發了他們必須依靠自己、必須堅強、必須出頭的本能。他們都是天生的戰士，一生會經歷比一般人更多的人生戰役。

太陽牡羊很重視自我，所以他們也很重視自己的身體，對於其他沒那麼重視自己身體的星座來說，身材走樣或者懶散或許沒什麼關係，但是太陽牡羊絕對不會讓自己的身體變得不靈活。很多太陽牡羊終身都會保持運動習慣，對他們來說，讓身體與意志保持一致性很重要。他們想要保持身體的力量，讓身體的力量跟意志的力量保持一致。即使是行動不便的殘障人士，他們也一定很強悍，一定精力充沛，比如伊甸社會福利基金會創辦人劉俠，她的意志力跟身體的毅力一樣強悍。

太陽牡羊在逆境中尤其能夠展現自己的勇氣，他們會努力衝鋒陷陣克服逆境，而不會自暴自棄或把精力花在怨天尤人上。

太陽牡羊永遠用強者的姿態出現，他們自己是強者，也喜歡身邊的人是強者；他們自己不當弱者，也不喜歡弱者。他們不喜歡跟軟弱的人做朋友，更不喜歡跟弱者一起工作，他們覺得身邊如果有弱者會拖累他們，害他們元氣大傷。有的強勢的星座不喜歡身邊有別的強者，例如獅子，但牡羊的原型是戰士，戰士都必須獨立作戰，他們沒辦法一邊作戰一邊還得照顧旁邊的人，只要一上戰場，如果分心照顧別人，恐怕立即就有殺身之禍。他們喜歡身邊的朋友跟他們一樣強，甚至敢挑戰他們的權威，他們才會把這種人當朋友。所以跟太陽牡羊相處時，其實不需要對他們太好，直來直往反而比迂迴客氣更適合他們的脾氣。

十二個太陽星座中最常被人視為女強人的，就是太陽牡羊的女性。我們稱呼強勢的女人為「女強人」，但不會稱呼強勢的男人為「男強人」，這裡面有一種先入為主的偏見，顯示大部分人認為男人強勢是一件理所當然的事情，事實上，在這個世界上，有的男人很強勢，但也有很多男人並不強勢，女性亦然。

太陽牡羊是強者，他們鄙視弱者。太陽牡羊的領導風格就是愛咆哮、愛罵人。因此能在太陽牡羊身邊留得下來的朋友或工作夥伴其實不多，只要反應不夠快、動作不夠快，他們就會發脾氣，如果個性不夠堅強，就無法承受他們的壞脾氣。

太陽是一個人的主要的意志、性格，它與情緒無關，它是一個人是顯意識中的人格原型，太陽牡羊的人不分男女，他們一定會「顯得」很「強勢」，但是他們未必很「強韌」或很「堅強」。對於太陽在其他星座的人來說，他們未必就比太陽牡羊的人軟弱，比如太陽摩羯的人，他們也都不軟弱，但是他們不會用牡羊的方式去表現。太陽牡羊之所以會讓人覺得他們是硬漢或女強人，不是因為他們真的最強，而是因為他們的表現方式最直接、最原始，因而他們最容易被看到。

一般大部分人，尤其女性，不喜歡成為一個讓別人害怕的人，但太陽牡羊不分男女都不怕成為這樣的人。比如舒淇、陳文茜、秦慧珠、邱彰、鄭淑敏、劉憶如、潘維綱等等都是性格強悍，敢站上台據理力爭的太陽牡羊女性。從這些例子可以看得出台灣政壇女性中太陽牡羊的比例很高，因為她們敢在陽盛陰衰的政治圈搶下一席之地，而且勇於展現一般女性不願展現的異議份子形象，敢於挑戰權威，敢罵人，敢讓別人怕她。而且她們多半都不是因為丈夫或父親的關係而從政，她們都是靠自己的能力在政壇闖出一片天，而不是繼承父蔭或代夫出征。

太陽牡羊的人很有原創性，他們喜歡走在時代前端引領潮流，絕對不肯依循既定規範，甚至有時候到了愛唱反調的地步。每次我跟太陽牡羊的人去餐廳吃飯，常常發現他們很不喜歡點菜單上面已經配好的套餐，他們喜歡自己單點，有一次我跟一個太陽牡羊吃飯，他東點西點，點的菜幾乎跟套餐的內容一樣，我告訴他這件事，並且建議他要不要乾脆點套餐比較划算，結果他回答，那我換幾道菜好了。因為他們覺得點套餐等於是把決定權讓給別人，而不是照著他們自己的意思點菜了。

太陽牡羊喜歡單獨作戰，不喜歡團隊合作，如果一群人團隊合作，他們會希望自己是這個團隊的領導者，而非團隊中的一員。即使職位很高，他們也不會是充分授權型的人，他們喜歡親力親為。當他們對事情有想法時，他們喜歡做主並不是要大家聽他的，而是他們真心認為他們的想法比其他所有人都好。而太陽牡羊的想法也的確經常比其他人好。

很多太陽牡羊經營企業時，常常會在某一些關鍵的操作上過度衝動而出問題。但是因為他們有著強人的對外形象，一般人通常不會了解到他們令人捏把冷汗的這一面。金錢方面，他們喜歡開源，不喜歡節流。要太陽牡羊節流，他們會覺得人生很悲慘。他們寧可去開源。太陽牡羊也不愛看帳、查帳。我有個太陽牡羊的朋友多年前辦了一場非常轟動的演唱會，辦完結算發現竟然沒有盈餘，我們就幫他查帳，那是一九八〇年代，他們公司連辦公室使用的筆，都是一枝四五百元的日本進口筆，其他各項支出就更不必多說。這種事情也只會發生在牡羊座老闆身上，如果是巨蟹座當老闆，申報這些費用的員工恐怕隔天就會被炒魷魚。

太陽牡羊喜歡獵物而不喜歡戰利品。除非他們的星圖中有很多金牛、巨蟹、雙魚，當事人都不會喜歡穩定的家庭生活，因為家庭生活中圍繞他們的都只能算是家畜。能夠吸引太陽牡羊的是外頭的獵物，他們對獵物的興趣很強烈。

對於很多星座的人來說，比如金牛，當金牛喜歡一個人，他們可能會蘑菇幾個月才採取行動，但太陽牡羊不論男女，當他們喜歡一個人的時候，他們會立刻用行為表示自己對對方有興趣。這就是獵人面對獵物時的行為，獵人絕對不會在獵物面前畏畏縮縮、躲躲藏藏，獵人對獵物永遠很直接。

太陽牡羊由於獵人性格太過強烈，即使結了婚，也很容易出軌偷吃。別的星座不見得比較老實，但是不見得會像太陽牡羊這樣真正付諸行動。從神秘學的角度來看，太陽牡羊屬於比較年輕的靈魂，他們具有一種嬰兒般的性格，他們不是自私而是自我中心。自私是一種學習而來的行為，它需要懂得算計，它來自多年經驗的計較，它是一種老靈魂的行為。太陽牡羊的人不會花心思盤算要如何自私，自私一定是考慮過別人與自己利弊關係之後的決定，但他們自我中心，自我中心的人根本就沒有考慮到別人，別人會不會因此受傷害完全不在他們的思考範圍內。

太陽牡羊的人雖然不太替別人設想，但他們非常熱情也非常大方。只要他們在你面前出現，他們一定很熱情。儘管他們一天到晚往外跑，幾乎沒時間陪伴家人，但他們的熱情、大方可以補足這個缺點。

其他星座中對「性」有興趣的女性也不少，但都比不上牡羊座女性。她們是真正對「性」這件事很有興趣的人，而且她們勇於表達自己的性欲。她們其實未必比摩羯或金牛對性更有興趣，但是她們很敢表達。在我認識的太陽牡羊女性中，即使三四十歲以後，她們都還保有對於性的原欲。比如巨蟹座的女性，在一定年齡之後，對於性就失去了興趣。對太陽牡羊的人來說，不管男女，他們的青春期都很長。

太陽牡羊的女性比較敢離婚，她們在婚姻上比太陽牡羊的男性辛苦得多。我認識的太陽牡羊男性跟太陽牡羊的女性在婚姻上的問題並沒有差別，理論上他們的婚姻應該都會出問題，但是現實生活中卻非如此。原因在於，太陽牡羊的男性都對太太非常大方、非常熱情，雖然他們的熱情不只用在自己的配偶上。就算當事人花名滿天下，但是跟自己的太太出門時，他們都會非常熱情，很多妻子就會因此原諒他們幾近明目張膽的出軌行為。成龍就是這樣，儘管花名在外還被媒體抓到，但是顯然他跟林鳳嬌在一起的時候對太太非常好，而且他也將幾億的財產都過戶給林鳳嬌。在我認識的人當中，太陽牡羊是所有花心男性中最不容易離婚的星座，因為他們的太太不會因為他們出軌而吵著要分手。

太陽牡羊的人很自我中心，但是他們的人緣並不會因此受到影響。他們雖然自我中心，但他們容許別人也自我中心。比如跟太陽牡羊同桌吃飯，他們會毫無禮貌的將別人面前的菜端去吃，如果別人將他們面前的菜吃掉，他們也不會因此生氣。

很多星座都帶有侵略性，比較起來，太陽牡羊的侵略性讓人覺得比較可以接受。想要跟太陽牡羊好好相處，只要把他們當做嬰兒。他們不會記仇。太陽牡羊雖然是出了名的壞脾氣，壞習慣也很多，但是通常大家不會認為他們是壞人。在人際交往上，大家總是寧可要一個脾氣壞的好人，也不要一個讓人愉快的壞人。

月亮牡羊

我們與他人潛意識及所有隱藏的溝通都靠月亮，尤其在親密關係中，月亮是最重要的一顆星辰。在親密關係中，一個人是否能喚起對方潛意識的內在情感，都要靠月亮。

月亮落在能量比較柔軟星座的人，透過月亮包容、理解、接納的能力，他們很容易就能透過潛意識跟別人達成內在的溝通。但月亮牡羊的人完全沒有能力用潛意識去關心周圍的人的情緒，他們的情緒注意力只在自己身上。

一般人表達自己情緒前多少會先稍微看一下對方狀況，如果對方情緒很差的話，多半會暫時忍住。一般人會有一種表達情緒的判斷力，判斷某些情緒適不適合在某些時刻出現，但月亮牡羊沒有這種機制，他們會讓對方完全知道自己的情緒，可是不會注意到別人的情緒，這樣很容易造成親密關係上的困難。

月亮牡羊的人如果太陽落在柔軟敏感的星座，當事人的理性面與情緒面就會產生很大的矛盾。他們理性面很體貼，但是情緒面卻很難搞，他們在親密關係中就像是個不懂事的孩子。他們不是故意的，但是他們在親密關係中越放鬆就會越展露出牡羊的本性。

月亮牡羊往往人前溫和，但是回了家脾氣就變得很差，因為月亮牡羊只敢很親近的人發脾氣。太陽牡羊發脾氣的對象通常都是同事或陌生人，他們敢在外頭為了意志的目標而發脾氣；月亮牡羊則不敢，他們在家是老虎，出了門會怎麼樣，得看他們太陽落在哪個星座。我的妹妹跟媽媽都是太陽雙魚、月亮牡羊，她們在外頭都非常和善、溫柔，但是回到家之後卻很容易對家人發脾氣。

月亮牡羊的人情緒經常騷動、不安，所以他們並不是非常羅曼蒂克的人。不管男女，他們都不會花前月下、甜言蜜語。牡羊是很強的陽性能量，月亮的陰性本能如果落在牡羊，就很不容易發揮，這對於女性的影響很大，因為代表女性的月亮等於被牡羊給燒掉了，她們的情緒都會比較混亂，情緒很容易波動。月亮牡羊的女性要特別小心婦女病，尤其月亮有剋相。月亮與女性荷爾蒙及腺體有關，落在牡羊會使當事人的荷爾蒙與腺體經常處於紛亂的狀態，對於子宮、卵巢等女性器官很不利。

當一個女性的月亮落在牡羊，她們內在女性化的一面就比較不易發揮，因此，月亮牡羊往往不適合擔任母職，因為餵奶、抱小孩這些瑣事對她們來說壓力很大。太陽牡羊的女性則不見得不能當個好媽媽，太陽牡羊的女性如果月亮在很柔軟的星座，她們就很能勝任母職，她們在展現大女人特質的同時，也能同時擁有很女性的一面，這種可硬可軟的搭配，對當事人很有利。

只要相位不差，太陽牡羊其實不難成功。太陽牡羊的人個性像小孩，喜歡耍賴，如果太陽牡羊的月亮相位不錯，他們的耍賴是一種有意識的行為，而非無法控制的無理取鬧。他們可能個性上喜歡跟人耍賴，但情緒很成熟。而月亮牡羊會真正在情緒上像個小孩，他們常常無法控制自己的壞情緒，經常會變成一個壞脾氣的小孩，反而無法利用這個特質來操縱讓事情達到他們的目的。

簡單來說，太陽牡羊可以變成很多人的敵人，但他們自己不會是自己的敵人；月亮牡羊卻常常成為自己情緒的敵人。

水星牡羊

在本命星圖中，最能恰到好處發揮牡羊能量的行星是水星。因為水星代表的思考能力需要流動，要有活力與創意，這些都是牡羊最擅長的事情。

牡羊很直接、很坦白，而且具有原創性，水星牡羊的人對外的溝通很順暢，能夠充分展現自己的特質，他們很容易在社會上有所成就。

由於水星必然在太陽前後一個星座，所以太陽牡羊的人，水星只會有雙魚、牡羊、金牛這三個可能。三種可能性當中，太陽牡羊加上水星牡羊是牡羊座最重要的組合。太陽牡羊的膽大妄為需要靠著水星牡羊將太陽牡羊的意志充分表達出來，雖然可能會因此容易得罪人，但是至少會給人一種言行一致的感覺；太陽牡羊水星雙魚的人言語之間常會讓人感到有一些閃躲，太陽牡羊的能量就無法充分展現；太陽牡羊水星金牛的人在表達與財務方面比較謹慎，但是也會抑制太陽牡羊的衝勁。

很多水星在牡羊的人都很擅長寫作。水星落在牡羊時，牡羊會刺激水星的活動。由於牡羊代表了最原始、最開端的事物，當事人通常會很有原創性的想法與觀念，他們能夠想出一般人想不到的新概念。愛因斯坦就是水星牡羊，因此有能力提出「相對論」這麼前所未見的原創思想。

水星牡羊的能量注重獨立思考，當事人總認為自己是對的，想法是最獨特的，所以他們很喜歡與人爭論，喜歡言語挑釁。而他們的想法往往也很具有煽動力。他們跟水星寶瓶不同之處在於，水星寶瓶雖然也是異議分子，但是他們並不會想要說服別人，他們希望大家的想法剛好一樣。水星牡羊特別之處在於他們並不希望大家的想法跟他一樣，他們甚至會因此故意唱反調，這也可說是他們思想具有創意的動力。水星牡羊可以做革命家，水星寶瓶只能散播革命思想。跟水星牡羊的人談完之後會感到熱血沸騰，他們喜歡做意見領袖。水星牡羊的法國文學家左拉曾經寫過一本書《我控訴》，這本書內容探討當時的一件真實司法案件，他等於是運用寫作自己對抗整個軍法系統，經歷了十多年的抗爭，終於讓書中的主人翁無罪釋放。

水星牡羊的人很敢說關於自己的祕密。他們什麼都會講、什麼都敢講，當然沒有人有辦法把自己的事情百分之百的告訴別人，但是一般人對於親疏遠近分得很清楚，通常大家不會把自己的隱私告訴陌生人，而水星牡羊幾乎沒有什麼事情不能跟別人說。

金星牡羊

金星牡羊對當事人來說並不是一個很好的位置。金星是一個需要跟別人建立愛戀關係的行星，而牡羊很難跟別人建立長期愛戀的關係，金星牡羊的人太自戀，而且他們只受能引起他們本能興趣的人所吸引。就親密關係來說，很多星座可以接受被別人愛而自己不見得很愛對方，但金星牡羊很誠實，如果他們第一眼對對方沒興趣，以後就永遠也不會有興趣，而且他們的一見鍾情很有熱度，如果一見鍾情，他們會立即展現想要的企圖心。

金星牡羊不是會日久生情的人，但是，他們對對方一見鍾情，對方未必也一見鍾情，就算對方有也感覺，也可能只是想要上幾次床而不打算跟他們談戀愛。此外，金星牡羊的人不懂得照顧別人，因此選擇性很少，十分受限。

金星牡羊的男性比女性有利。金星牡羊的男性喜歡強勢的女人，尤其欣賞獨立自主的女性，因此很容易受太陽牡羊女性吸引。佛洛依德的金星就在牡羊，他的傳記中寫到他很多情人是他的病人，其中很多都是女強人。

金星牡羊的女性表達的方式直接，而且重視自己多於重視對方，往往她們會因為這樣而比較不受男人歡迎。因為金星是一種陰性能量，當它落在最陽性的牡羊，就會變得太過於自我滿足導向，而不容易創造出金星應該呈現出來的羅曼蒂克的感覺。我認識很多長得很有吸引力的金星牡羊女性，要找一夜情對她們來說非常容易，但之後就沒有了下文。因為大部分男人不打算找一個在床上的競爭對手。

除非對方喜歡強勢的女人，否則金星牡羊女性表達情愛的方式令男性感到壓力，可是金星牡羊的女生不喜歡被動的小男人，因為牡羊討厭弱者，但問題是強勢的男人卻多半不喜歡強勢的女人。

金星牡羊的人本質上很能接受新的理念，喜歡新經驗與新挑戰，也很忠於自己的欲望。金星寶瓶或金星雙魚或許也喜歡新對象，但他們很可能悶一輩子也不會採取行動。金星牡羊則不論男女都會採取行動，而且他們喜歡主動出擊。敢主動出擊的人機會就比別人多，成功的機率也比較高，但這不見得表示他們比那些較悶的星座好色。結過八次婚的女星伊莉莎白泰勒（Elizabeth Taylor）就是金星牡羊的代表人物之一。

水星牡羊的人在思想上很有創造力，金星牡羊的人則在美術與感官方面有創造力，因而適合學習與從事相關工作，比如服裝設計、室內設計與具象美術相關的行業，他們能在這些領域中展現自己的原創性。音樂家柴可夫斯基即金星與水星合相在牡羊。

金星牡羊也出了很多知名的女性主義者，比如美國的知名作家貝蒂傅瑞丹（Betty Friedan）、舞蹈家伊莎朵拉鄧肯（Isadora Duncan）。從現代人的眼光來看，鄧肯其實不太會跳舞，但她被稱為「現代舞之母」，因為她在全世界都在跳芭蕾舞的年代就敢脫了鞋，赤腳在台上跑跑跳跳。

牡羊總是敢做別人不敢做的事，敢當第一名，勇於領先時代。

火星牡羊

金星與火星的差別在於，在情愛方面，男性容易表現火星的特質，而女性容易表現金星的特質。因此在本命星圖上，對於男性來說，金星代表的是他喜歡的女性典型，對於女性來說，火星代表她會喜歡的男性典型。

牡羊座歸火星掌管，火星落在牡羊時力量最強。牡羊的能量以競爭為主，火星牡羊是一個非常適合當運動員的位置，很多有名的運動員的火星都在牡羊。

火星牡羊的男性會希望自己是硬漢，比如影星克林伊斯威特（Clint Eastwood），以及騎著摩托車的南美革命家切格瓦拉（Che Guevara）；火星牡羊的女性比較偏好強悍、有肌肉的男人，她們喜歡很有男人味、看起來不太乾淨的男人。

這也是一個在性生活上很具侵略性的位置。火星牡羊的人在性方面也很像運動員，他們對性很有興趣，他們可能情史豐富，但他們未必會是個好情人，這跟一般人常說運動員不是好情人的說法不謀而合。國外在球場外等著想跟運動員上床的女人多半是為了想跟偶像上床，並不是真的為了得到多大的性滿足，從很多運動員前妻的爆料可以得知一二。

火星牡羊適合「性」，但不適合「做愛」，它要的只是一種性的宣洩。如果性是為了生殖，其實這件事情只需要幾分鐘就可以完成，但是人類在這件事上面增添了許多遊戲的成分。火星在火象及風象星座的人在性行為上都不持久。他們在性上面可能很主動，但主動跟持久是兩回事。以占星學的理論來說，火星落在土象星座才是最適合做愛的人。

火星在牡羊的人很競爭，也很好動，他們不喜歡太平靜的生活，也不是小心謹慎的人，也因此，他們容易出一些小意外——運動員受到運動傷害的比例，當然會比一般人高。

火星跟牡羊都與性的本能有關，台灣有一個太陽跟火星都在牡羊的出版人開了一家以「性」為主題的出版社。很多出版人並不見得迴避跟性有關的主題，但他們多半不敢大張旗鼓讓自己的名號跟「性出版」連結。但火星牡羊不在意別人的眼光，不遮掩自己對性的興趣，也不在乎自己跟性連結在一起。

火星牡羊的人很敢面對衝突、競爭，敢做一般人不敢做的事情，所以很多火星牡羊當了運動員，在運動場上天天與人競爭。如果他們對政治有興趣，他們就會勇於革命，例如切格瓦拉。

如果火星相位不好，比如火星跟冥王星衝突，或落在會刺激、強化它的位置，比如八宮，可能就會產生暴力行為。文學史上有名的薩德（Sade）侯爵，就有火星牡羊的衝突相位，而他以性虐待文學聞名。

對於性的原始欲望最強的就是火星牡羊。火星牡羊的人性欲旺盛，他們就像獵人每天都要打獵一樣，經常都會感受到自己的性需求。我有個火星牡羊的朋友告訴我，他去醫院體檢時，發現他的睪丸酮素是一般男人的三倍——事實上我認為所有火星牡羊性荷爾蒙都比一般人高。不管男女，我認識的火星牡羊的人，不管他們的太陽落在哪個星座，他們都對下半身興致高昂。

火星牡羊對他們的另一半比較不利，對當事人來說其實倒無所謂有利或不利，畢竟那些行為只跟他自己有關。如果不管社會道德，火星牡羊的性就跟動物一樣。可是我們生活在社會中，當我們選擇另一半時，火星牡羊通常不太適合婚姻，畢竟婚姻是兩個人受到法律規範的一件事，除非雙方互相接受，否則不可能期待火星牡羊會因為愛情或社會壓力而去改變他們的行為。

木星牡羊

木星每十二年會走到牡羊座。每隔十二年就會出現一批木星牡羊的人，但是隔了十二年，天海冥各自會走到不同的位置，如果木星那年跟天海冥相位特別好，木星牡羊的力量也就會越強。

牡羊代表獨立與創新，行星落在牡羊有時候可能越獨立越被主流社會打壓，但木星代表社會資源，當木星落在牡羊，代表當事人越創新、越反抗主流，他們越能獲得社會資源。

畫家達利（Dali）以及古巴強人卡斯楚（Fidel Castro），他們都是木星牡羊。達利不但作品怪誕，他的形象也很怪誕。卡斯楚在位四十年，當全世界的共產國家幾乎都已經垮台的時候，他的領袖地位依然屹立不搖。美國石油大亨保羅蓋堤（Paul Getty）的木星也在牡羊，他之所以會成功，就是因為一意孤行，當年他的開採地點是專家評估挖不出石油的地方，但別人去挖未必挖得到，他去挖就挖得到，此外，當年他買了很多五六〇年代的新藝術家的作品，當時這些作品售價不高，但到了現在，這些藝術品的價值難以估計。

而木星牡羊的人幸運來自於當事人特立獨行的社會形象。它跟太陽牡羊不同之處在於，木星牡羊的社會形象獨立不凡，而太陽牡羊是這個人的個性獨立不凡。太陽牡羊的人可能很愛跟人吵架，但是他們在社會行為上未必這麼特立獨行；木星是一個人的社會姿態，木星牡羊的人社會姿態是獨立不凡的，他們可以因為他們在社會上展現的特立獨行而得到利益，但不代表他們本人的個性也是這樣。

例如達利以超現實主義、怪誕聞名，但是看過達利傳記的話就會知道，他本人平常非常害羞、膽小、怕事，在家經常被太太罵。他的強勢只呈現在他的社會形象上。

土星牡羊

相對於木星帶來社會資源，土星代表的則是社會限制。木星牡羊表現得越奇特，就越受社會歡迎。木星牡羊常常攻擊社會，而社會還很歡迎他們這麼做，例如木星牡羊的達利經常在嘲諷政治、嘲諷權貴，但是權貴們還是拚命買他的作品，木星牡羊就像老天爺給他們機會讓他們愛做什麼就做什麼，「做自己」對他們來說很容易，他們越是做自己，越能得到好處，土星牡羊則相反。

土星牡羊的人也會想要「做自己」，但是他們的生命中沒有什麼機會可以讓他們這麼做，而且當他們這麼做的時候，常常會遇到很多社會上的阻礙。比如在學校中，如果他們想要做自己，就很容易惹上麻煩；職場中，如果他們想要做自己，就會很不討人喜歡。「做自己」會讓他們無法享有社會資源，甚至被排擠，因此他們會覺得「做自己」是一件很難的事情。這是土星牡羊的宿命。

對於木星牡羊的人來說，世界就是一個大舞台，他們可以愛怎麼樣就怎麼樣；對於土星牡羊的人來說，社會是一個不安全的地方，他們經常會有受到限制的感覺。木星牡羊的人在社會上很活躍、很有活力；土星牡羊的人很怕跟社會互動。很多土星牡羊的人不喜歡上班，只要想到要上班就累。他們可能獨自一個人的時候很有活力，但是只要面對社會，就會感到活力低落。

土星的週期大約三十年走一圈，土星每三十年就有兩年半會行經牡羊。前兩次土星落在牡羊的年代分別為一九三七年到一九四〇年，以及一九六七年到一九六九年，土星牡羊的人往往出生之後會遇到一些跟社會有關的環境障礙。比如一九三七年到一九四〇出生的人，大約在念小學的年紀都會遇到第二次世界大戰。一九六七年到一九六九年出生的人成長的時期，全世界各地都有很多動盪——在中國大陸出生的話會遇到文革，台灣則會遇到白色恐怖。

特立獨行會遭到迫害的時代氛圍，會使土星牡羊的人格外會感受到「做自己」是一件不利的事，他們會覺得做人不能太誠實、太坦白。他們跟社會格格不入的原因在於對社會的憤怒，但是他們不敢對社會直接表達自己的憤怒，常將憤怒的情緒內化。但牡羊是一個充滿活力的星座，土星牡羊的人不敢攻擊社會，牡羊的能量就會轉而攻擊他們的身體，因此土星牡羊的人往往身體狀況通常不太好。他們身體的疾病來自於內在憤怒的自我攻擊。

天王星牡羊

天王星在牡羊意謂著當時社會的集體意識中，有一種很強大的追求不同的渴求，社會氛圍會比較具有侵略性、比較大膽、比較競爭、比較自我，整個社會都會以牡羊崇尚競爭的價值觀為主流。

前一次天王星在牡羊是一九二七到一九三五年，天王星與冥王星九十度在歷史上常與戰爭有關，上一次天王星牡羊碰到冥王星巨蟹的九十度衝突相，牡羊代表侵略，巨蟹代表家園，因此上一次天王星牡羊與冥王星巨蟹埋下了世界大戰的種子，造成了很多人家園被毀。

這個時期的代表事件是希特勒（Adolf Hitler）崛起。當時希特勒的口號是「日爾曼民族優先」，這也符合了牡羊「我最好」、「我最強」、「我是第一」的思考模式。希特勒本人的太陽在牡羊，也就是說，當時天王星與他的太陽合相，希特勒本來只是一個地位卑微的陸軍下士，因為巨大的社會變遷而有機會站出來，進而逐漸邁向執政之路，成為德國的政治領袖。等到天王星進入金牛時開始對外侵略，引發世界大戰。

牡羊跟個人欲望有關，天王星進牡羊，代表這段時間很多人會因為這股巨大的能量來滿足個人私欲。一九二五年之後的幾年也是美國股市大為繁榮的年代，這是一個個人私欲很強的年代，直到一九二九年華爾街股市崩盤。這個時代的特色為過度樂觀、過度以自我為中心，在政治上過度的不顧他人，對暴力行為也不壓抑。

海王星牡羊

海王星直到一八四六年才被發現，海王星被發現之後，西方世界的王朝開始逐一被毀滅，新的民族國家開始誕生。海王星進入牡羊前在雙魚，雙魚之於牡羊，意義等同於王朝之於民族國家。民族國家是從十九世紀才出現的新觀念，雙魚是集體，牡羊是個人，民族國家是以民族為獨立的主權個體，強調民族的獨立性，它在社會結構上就像是個人意義的牡羊。

海王星上一次在牡羊的年代為一八六一年到一八七四年，當時發生了許多牡羊意識形態被歌頌或幻滅的大事件。例如被稱為鐵血宰相的俾斯麥於一八七一年統一德國，他以鐵般的意志加上血般的行動去達成政治目標。而此時達爾文演化論像一把刀一樣改變了基督教中很多傳統的概念，物競天擇廣被社會討論，也意謂著當時社會氣氛朝向強者恃強汰弱，而非濟弱扶強的方向發展，適者生存的意識由生物學一路往社會學延伸。

冥王星牡羊

宇宙中從牡羊到雙魚有著十二種不同的能量，當天王星、海王星、冥王星進入牡羊，代表了宇宙能量與社會集體意識之間的關連，從另一個角度來看，這也就像是一種天意。天意將人類的命運用不同的集體共業的方式展現。人類無法完全了解天意，天意自有其法則，它以人類為芻狗，無所謂善惡。

冥王星前一次在牡羊的年代為一八二三年到一八五二年，當時全球的帝國主義開始發展。這是一個冒險家的年代，包括南北極等地，許多疆域的發現與佔領都發生在這個時期。牡羊座的能量強調先搶先贏與弱肉強食，冥王星則跟社會集體的大錢、大權、大鬥爭有關。這個年代荒謬之處在於，不管是殖民地或不曾被發現的新領土，先到的人在上面插一面旗子，就可以宣告這片土地屬於自己的國家。

當時英國正值維多利亞時期，一八三九年發動甲午戰爭，一八四一年取得香港，讓大不列顛成為了日不落國；此時法國的帝國主義也達到高峰，一八三〇年法國佔領阿爾及利亞，一八四三年又佔領了大溪地。當時的集體氛圍為在政治、軍事、經濟上採取「我先來，我先取」的做法，以牡羊價值的能量進行全球版圖權力重整，牡羊意識越強的國家就越成功。

Chapter/2 金牛座

金牛座的特色在於持久、專注、頑固、腳踏實地、手腦並用。金牛座掌管喉嚨，太陽、水星都在金牛座的人通常都會唱歌，像美國影星芭芭拉史翠珊（Barbra Streisand）就是太陽、水星合相在金牛。

金牛座本質上都不喜歡新經驗，不喜歡太過複雜與多元。我常會對金牛朋友們做個簡單的心理測驗，我會問他們在某個以口味繁多聞名的冰淇淋品牌中吃過幾種。標準的太陽金牛的人通常只吃過三四種，如果你有認識太陽金牛吃過超過三五種口味以上的冰淇淋，請一定要研究一下他的星圖，因為金牛並不喜歡嘗鮮，如果這三四種吃過的口味已經是他們喜歡的，為何還要冒險追求新的經驗？

本命星圖中金牛很強的人對於美學與感官享受非常敏感，對於性也充滿了興趣。在黃道十二星座當中，金牛跟天蠍兩兩相對，這兩個星座都跟資產有關，也常跟性有關。從性意識而言，天蠍座與金牛座最大的不同之處在於：天蠍的性意識會喚起別人的性情感，金牛的性意識則著重在自我感官的滿足；金牛的錢是自己的錢，性也是自我的性。純就敏感度而言，金牛座的感官其實會比天蠍座更為敏感，因為性對他們而言是比較實際的，是感官之間的自我對話。天蠍座則沒有那麼實際，天蠍座的性是用來操縱他人、操縱靈魂的，天蠍的性是精神上的性，這點與重視色聲香味觸的金牛式感官之性其實有所不同。也因此，娛樂版上比較少出現金牛女星傳出性交易醜聞。而能量還沒提昇的天蠍比較容易將「性」視為一種可以買賣的貨品，所以天蠍座比較容易會利用性來換取金錢或權力、地位。

世界上有各式各樣的理論，我們往往可以從星座的角度看出理論背後的星座能量。金牛座對金錢與性有興趣，因此我們可以看到太陽金牛的心理學家佛洛伊德（Sigmund Freud），他的整個理論幾乎都是奠基在性欲意識上，或者像太陽金牛的社會學家卡爾馬克思（Karl Marx），他認為人類文明的基礎就是建立在「金錢」之上。

太陽金牛

一般來說，除非太陽、月亮有剋相或是太陽、土星有相位，否則通常太陽金牛的人都會有點肉感。

雖然太陽金牛的外在看來跟一般人沒什麼不同。但如果你認識他們夠久，你會發現他們的持久力、專心與毅力都是十分驚人的，就這點來說，太陽金牛的毅力是連太陽牡羊都比不上的。

以前我認識一位太陽金牛主播，他可以連續轉播十幾個小時都不會累。或者像我的朋友胡因夢，太陽金牛的她一天可以連續翻譯十四五個小時，校對次數可以高達十一遍。像我寫文章通常只會校對一遍，因為我有太多人馬與雙魚，所以我對於交出去的稿件有沒有錯字永遠都沒有把握。

如果不是因為工作，太陽金牛並不喜歡跑來跑去或是出遠門，他們只會因為開會或工作才出國，不會因為純玩樂而出國，像胡因夢就算去印度也有靈修的目的，這些人絕對不會跑去一些莫名其妙的國家，他們也不會玩六十多個國家，他們打心底覺得有些國家其實並不必去，金牛對於經驗的追求都集中在實際目的上。

除非太陽金牛跟海王星有相位，不然太陽金牛都有某種程度的金錢意識。這些人有著實際與認真的態度，有工匠精神，面對任何任務與挑戰都可以腳踏實地貫徹到底，就工作能力而言，這是可被委以重任的族群。

只要是答應下來的事，太陽金牛基本上都會做到。這些人還有個特色——除非碰到很大的運勢變化，不然都不太會改變工作，長達二、三十年的職場生涯中，這些人可能只換過兩次或三次工作。他們往往可以在同一間公司的同一個單位做上十幾年，當初跟他們一起同事的人早已離開了工作崗位，但他們仍在同樣的崗位屹立不搖。除了太陽金牛之外，可以在同一個工作崗位上堅持這麼久的人只有太陽摩羯。

當星圖相位不差時，太陽金牛的人可以從事手腦並用的工作，比方像園藝、廚藝或是雕刻等等，他們對於很多實際的東西都很有天分，例如舞蹈家瑪歌芳婷（Dame Margot Fonteyn）就是太陽金牛。他們的感官靈敏，是善於用手的工匠，也很會做模型，像知名建築師貝聿銘就是太陽金牛。

很多太陽金牛在三十五歲之前都算還有點衝力，可是當他們事業有成之後，很多就會失去衝勁，停留在固定的狀態之中。如果本命星圖在財運相關領域上沒有什麼剋相時，太陽金牛會比較喜歡按部就班慢慢累積的方式理財，他們不喜歡前期投資看不到利潤到後來再狠撈一筆的那種賺錢法，他們比較喜歡腳踏實地，而不是夢想型的事業，他們適合製造業、房地產，比較不適合買空賣空的事業體系。這些人都會有生意才幹，台灣影壇上有很多太陽金牛的人在拍電影，一邊做電影導演同時也當老闆，但在我眼中，這幾個導演的作品都不夠好，因為老天很公平，魚與熊掌不可兼得，太陽金牛的人太實際了，所以他們不會讓自己的幻想走得太遠，我認識的金牛導演的朋友很多都有這種狀況。我還認識一個金牛座朋友，雖然衣食無虞，但當她管理基金會時，還是忍不住會算算可不可以賺錢，太陽金牛不喜歡沒有實際收益，因此很難成為理想主義者。

太陽金牛的弱點在於執著自己所擁有的東西，包括人與物，這些人除了愛錢之外，也愛他們手上的擁有物。太陽天蠍與太陽金牛的不同在於，太陽金牛不願意讓人碰他的東西，但太陽天蠍可以交換，但天蠍會希望自己付出十分了以後可以換回二十分，天蠍的問題出在貪心而不是不願交流。但金牛不同，他們是不願意交換，而不是貪心，這是很有趣的行為差異。

月亮金牛

太陽金牛與月亮金牛的人都喜歡錢，但太陽金牛的人比較喜歡賺錢，月亮金牛雖然愛錢，但是賺錢的動力不如太陽金牛，因此他們不排斥接受別人的金錢，而且往往比太陽金牛的人更小氣。月亮金牛的人對於金錢的態度很情緒化，他們對於金錢非常謹慎小心，而且有一點守財奴傾向，因為他們習慣將金錢視為擁有物。

月亮金牛的人喜歡家庭生活與大自然，他們與感官世界有緊密連結，所以他們可能會喜歡花草樹木。月亮金牛的人不管男女都比太陽金牛容易發胖，因為月亮金牛的人喜歡各種舒適、華麗的感官享受。

月亮跟金牛都跟物質的充裕與擁有物有關，因此月亮金牛的人喜歡房子，他們很需要舒適的居家環境。不管太陽落在哪個星座，月亮金牛的人只要回到家就會很懶，在外的月亮金牛可能很勤勞，但在家的月亮金牛只想過著舒適的生活，我認識的月亮金牛都願意花錢來增加家庭的舒適感。

他們不會喜歡簡樸主義與貧窮藝術，包括住家與服飾，他們絕對不會喜歡暗暗的房間、高科技的裝飾，或者只有幾把椅子的室內風格。不管是極簡線條或簡樸主義都不是他們的路線——月亮寶瓶的人才會喜歡這種風格。月亮金牛的人喜歡古典式的舒適，一定會有點華麗、有點巴洛克，帶點毛茸茸的裝飾感。

月亮在金牛的人不論男女，除非月亮跟天王星有剋相，當事人的母親都可以提供他們一定程度的物質舒適與安全感，尤其可以照顧到當事人的實際需求。像我認識許多月亮金牛的朋友，他們的母親在經濟上都有照顧當事人的能力。因此月亮金牛喜歡穩定，他們對於感官世界有興趣，喜歡吃喝，喜歡與大自然有關的東西，喜歡園藝，也喜歡鄉村生活。他們也很喜歡跟毛茸茸的寵物為伍，像我有個月亮金牛的朋友家裡就養了五六隻狗。

月亮金牛當事人的母親通常都很堅強、很務實，她們不像牡羊媽媽一樣容易衝動、脾氣壞，她們不會是軟趴趴的母親，即使當家庭主婦也會是能幹的家庭主婦。這種母親一般來說你很難挑她們的缺點，唯一勉強可以挑剔的地方只有她們比較實際，比較不容易表達熱情。月亮金牛的母親通常在孩子小時候都不太會擁抱小孩，月亮金牛小時候得到的親密都不太夠，但他們又很喜歡感官上的接觸，所以他們會喜歡接觸寵物，以此滿足他們與感官世界的接觸。

水星金牛

由於水星一定落在太陽前後一個星座，所以太陽在金牛的人有三種不同原型，一種是太陽金牛加水星牡羊，一種是太陽跟水星都在金牛，還有一種是太陽金牛加水星雙子。太陽、水星都在金牛的人，是最標準的金牛，比較不會說話；太陽金牛、水星牡羊或雙魚的人，則比較活潑，比較善用語言。

我們曾經提過，太陽牡羊水星也在牡羊的人很會講話，口如刀劍；太陽牡羊水星金牛的人講話則比較謹慎。太陽水星都在金牛的人則會更謹慎。水星在金牛的人不會是愛講話、口齒伶俐的人，他們講話不喜歡天馬行空，也不愛說廢話或批評旁人。他們不是可以跟人侃侃而談的那種人，他們平常比較沈默，想說才說，不會只為了講話就講個不停。

水星金牛認為空談無用，他們對於口語上的聰明不感興趣，寧可把聰明用在做事上。他們比較關心實際的事情，抓到事情的重點對他們來說很重要。老牌影星克林伊斯威特就是水星金牛，他的銀幕形象充滿硬漢特質，演出的都是沈默的角色。

水星金牛的人腦筋有點頑固，他們捉住新觀念的速度都比較慢，他們雖然學得慢，卻能記得比較持久，水星金牛的人不喜歡抽象思考與知識，不實用的知識對於他們而言比較沒有吸引力，因為他們會覺得這些東西沒有價值。他們喜歡將想法轉為行動，他們比較喜歡行動，不喜歡只說不做，因此他們不會喜歡演講或講課演說之類的活動，比方說美國有個赫斯特報業集團，這個集團的發行人本身就是水星金牛，他是美國幾十家報紙的老闆，可是他從來不寫文章，因為他不是文字型的人，他對於報紙的某些言論絕對有他自己的看法，但他沒有寫出來的興趣。如果他是水星落在牡羊的人，即使身為大老闆也會很有興趣寫東西。像我認識的台灣某位水星牡羊的出版社老闆，他就很喜歡寫文章。

英國的維多利亞女王也是水星金牛，在她的統治時期，英國以保守實際風氣著稱，到今天英文還留下「維多利亞價值（Victorian Values）」這樣的名詞，這種價值觀在於不要空想，著重實利。

水星金牛如果受剋時，思想往往會從「實利」轉為「功利」，當事人的腦筋會特別緩慢、特別頑固，不肯接受新觀念。這其中只有水星與天王星、海王星有相位時，才可能對水星金牛的穩定性產生質的影響與改變，如果水星金牛是跟土星或冥王星有相位則不可能。

金星金牛

金星金牛的人都有藝術天分——應該說都有某種美術的才能，而且是具象式的美感。我認識的金星金牛當中有科學家、經濟學家，也有大老闆，後來我慢慢發現這些人都會畫畫，而且從小就有受過繪畫訓練。金星金牛對於感官的美尤其具有感受力，他們非常喜歡美化環境。

金牛座男女都有喜歡俊男美女的傾向，大部分我認識的男性金牛朋友的太太外貌都不醜。不見得每個人對於美醜都很在乎，有些人不會那麼在乎對象美醜的原因是因為他們的焦點不在感官上，所以不容易察覺到對方美醜，比方像寶瓶的人就不會這麼在乎，因為寶瓶根本不會去注意其他人。

金星金牛、土星金星的人適合建築設計，也有些人會從事園藝，因為園藝景觀與建築比較相像，比較需要規劃。許多金星金牛都在從事美感相關工作，比方像建築師貝聿銘、萊特，藝術家達文西、達利都是金星金牛。

金星金牛並不一定會成為藝術家，但金星落在金牛時，特別適合從事跟美有關的工作。由於金牛對於感官之美特別敏感，所以金星落在金牛會比金星落在雙子的人適合從事美術工作。如果本命星圖再加上金星與天王星或海王星之間有和諧相位時，當事人的藝術傾向會更為強烈。

金星金牛對於生活上的酒食、舞蹈、花藝、園藝等都有品味能力，不管他們小時候的生活狀況如何，這些人的環境一旦改善之後，都會喜歡過好日子。我以前在英國時認識一對八〇年代從中國大陸出來念書的夫妻，先生就是金星金牛，這對夫妻的留學生活非常貧困，但之後他們從英國倫敦搬到美國加州工作賺了大錢，也買了個房子，我在參觀他們的新居時感到非常佩服，因為這對朋友是突然發財的，前後還不到五年，他們以前在大陸的眼界也不寬，卻可以將新宅弄得很有品味。

金星金牛的美學觀絕對不是怪異前衛的，也不走極簡路線，他們喜歡的東西都具有感官舒適性、對稱性與古典感。如果你喜歡的男生是金星金牛，我建議你在他面前千萬不要做龐克打扮，也不要太奇裝異服。金星金牛的男生不會喜歡模特兒紙片人式的皮包骨身材，他們喜歡女生有點肉感，但也不能太胖——大概不能比電影《ＢＪ單身日記》的女主角更胖。

金星金牛男喜歡比較能幹的女生，浪漫型、依賴型、林黛玉型都不是他們會挑選的對象，他們喜歡古典美中帶有能幹，有健康美而不柔弱。金星金牛女喜歡的男生要有點經濟能力，能夠提供她們物質上的安全感，不見得要大有錢，但要穩健實在，可以依賴，就像小說《傲慢與偏見》中的男主角達西那種類型。她們並不喜歡花花公子或是《ＢＪ單身日記》中休葛蘭演的那種調皮搗蛋男生。她們比較欣賞被動、穩重的男性，而不是那種會張牙舞爪主動進擊的人。

火星金牛

火星金牛的人啟動很慢，但一啟動就會停不下來，而且可以很持久、耐力很強。像我的火星就在金牛，我一直有啟動很慢，一旦啟動了就停不下來的傾向。我先生最害怕聽到我說要洗窗子，因為我可能一年都不洗，可是一旦開始洗，我會有種非要將所有窗戶都洗乾淨的毅力，一口氣洗十幾個小時，手都快洗斷了還停不下來。

或者像我以前寫劇本，當時每週要交一個劇本，一個劇本大約四萬字，理論上應該一天寫個幾千字，但是我都會拖到交稿前才一口氣寫完。我會挑一天從早上吃完早餐，九點鐘開始寫，一直寫到當天晚上的十一點多，寫到手上都長了繭。像我現在年紀比較大就比較好了，我學會讓自己隨時維持在一種小啟動狀態，也就是不能將自己的啟動引擎完全關掉，不然總要花上一段時間才能重新啟動。

火星金牛的人對於感官世界充滿興趣，不管是食物、性或者是藝術。我們剛說過金星金牛的人適合從事藝術，火星金牛的人則特別適合家具、設計、雕刻、工藝、烹飪等等與行動力有關的藝術事業，火星金牛尤其與烹飪的能量有關。他們的行動力需要與具象的感官世界，也就是捉得住的色聲香味觸結合在一起，他們想要一個東西時會很認真，非常全心全意。

所有物質的能量都會轉換，當火星金牛能量還沒有經過轉換時，當事人對於奢侈品與時尚等等物質主義的東西很有興趣，但如果火星能量經過轉換之後，可能會轉而去追求其他事物。這點在我身上也很明顯。十二三歲到二十六七歲是我的名牌時期，從一九七幾年起，我就已經在香港採購名牌——這麼年輕的女孩實在是很不需要穿名牌。以前我都是花父母的錢，等到我開始自己賺錢的時候，反而不買名牌了。我到了二十七八歲到三十八九歲時，這段時間對於房地產很有興趣，但到了四十一二歲以後，這個欲望也淡了，現在我除了對於食物還保持火星金牛的特質之外，其他地方都已經不像火星金牛了。

所有能量都會自然變遷，不停轉換，各宗教中所談的所有節欲或禁欲，這些事情都應該要是靈魂進化後會產生的自然顯相，就像有的小沙彌此生投胎前，靈魂就已經到達某種境界，自然可以顯現清淨相。但如果有人靈魂還沒有進化到這個程度，卻因為宗教要求而禁欲，反而容易造成靈魂的扭曲，容易進一步產生身心症。意識能量的改變一定會造成行為改變，可是那應該是自然而然的影響，而不是因為業力恐懼或是宗教理論形塑下的強行制約。

火星金牛的能量如果很強的話，當事人會喜歡洗澡、吃飯、喝酒這類的感官享受。像我有個火星金牛的朋友每天都洗澡兩個小時，要知道這種冗長的生活儀式其實也需要耐性，如果火星人馬的人通常就會隨便洗洗，不像金牛這麼有興致慢慢享受。

火星金牛的男生通常都喜歡賺錢，藉此展示自己的能力，他們也喜歡性感女性，火星金牛的女生比較喜歡帶有紳士氣息、有一些被動的穩重男人。她們不會喜歡太過於陽剛的硬漢，但也不能軟弱。她們喜歡本質上比較穩定、不浮躁的男人。

像我身邊雖然有很多寶瓶與人馬的男性朋友，但是這些都只是我的哥兒們，我絕對不會喜歡上這些過於異想天開或是孩子氣的男人。我也有很多牡羊座的男性朋友，但我也不會找個牡羊來當男友或丈夫。從小到大我交往的男生都只有一種類型，他們也許是不同的人，卻都共同具有金牛的特質。

木星金牛

木星每十二年走一圈，因此每十二年會出現一輪木星金牛的人。木星跟一個人的財運有關，金牛跟物質世界有關，因此木星金牛的人本身就會跟財富有緣。如果木星相位好，例如冥木合相、冥木一百二、天木一百二，或木土一百二的相位，這樣的人財運又比單純木星金牛的人更好。而如果就木星的好相位而言，同樣都有木星的好相位，木星落在金牛或天蠍的好相位，當事人的財運又會比木星落在其他星座，例如木星雙子或木星摩羯的人更好。

基本上如果木星金牛且沒有剋相的話，對賺錢有利。像希臘船王歐納西斯（Aristotle Onassis）與航空大亨霍華休斯（Howard Hughes）都是木星金牛，歐納西斯除了木星金牛還有金木一百二，霍華休斯還有冥木相位，因此他們吸引財富的力道更強。像我有個木星在金牛的朋友，他從二十歲才開始畫畫，三十五歲開始賣畫成名，一年就可以賣一兩千萬。而畢卡索（Pablo Picasso）有天木一百二的好相位，加上木星跟冥王星都在金牛，這是不得了的相位，藝術家這麼多，但誰能像畢卡索一樣活著的時候就賺這麼多錢？其他像米羅（Joan Miro）、馬諦斯（Henri Matisse）等人，也都是活著就可以賺到錢的木星金牛藝術家。梵谷（Vincent van Gogh）的木星可惜沒有落在有利的位置上，否則他在世時不可能會賣不出畫。木星金牛又有好相位的藝術家，除非他們還沒活到行運啟動他們的木星之前就過世，否則通常在世的時候就能夠享受到木星金牛帶來的利益。

又如我的好友胡因夢也是木星金牛，雖然她現在的工作賺得遠比以前當明星時要少得多，但她還是可以成為銷量高達四到七萬本的暢銷書譯者，因為木星金牛跟暢銷很有緣。木星金牛帶來的利益，有些人會反映在物質上，有些人則會反映在靈性上。木星的能量具有拓展的特質，金牛重視的是資源的開拓，因此木星金牛即使談的是精神資源，重點也是在精神資源的開拓。他們不會空想，他們不是哲學或神學家，也不愛純粹的救苦救難式的靈性追求，他們靈性特質會比較集中在與自我改善有關的事物上。像胡因夢推廣的靈性教育，大部分都著眼在自我改善，而不是輪迴研究上。

木星金牛的人都喜歡過比較舒適的生活，他們都有藝術上的領悟力，在行為上不會躁進，在金錢觀上面，他們既能賺錢也肯花錢，跟其他落入金牛的行星相比，木星金牛的人是其中最願意花錢的人。

但木星金牛如果有剋相時就要小心，他們可能會有過分重視自我擁有資源的問題，也要小心與他人產生資源的衝突。

土星金牛

土星金牛則跟木星金牛相反。梵谷就是土星金牛，即使他過世之後備受推崇，但是他並不像木星金牛的藝術家能在生前享受到物質生活帶來的利益。土星進入金牛，代表當時的社會一定出現資源缺乏的窘境，像一九一二年到一九一四年發生了引發第一次世界大戰的巴爾幹戰爭，一九三九到一九四一年則是規模更大的第二次世界大戰，當時連誕生在英國的有錢人，都會碰上有錢也買不到食物，需要仰賴食物配給的問題，一九六七到一九六八年也是全世界變動時期，例如中國大陸那個時候就發生了文化大革命。一九九八年土星在金牛時，金融危機由亞洲延燒到全球，誕生在土星金牛時期的小孩，即使原先家庭經濟狀況是好的，但在土星進入金牛的時候，也會面臨家庭財富縮水的問題。

土星金牛的人天生帶著著某種物資匱乏的靈魂記憶，他們經常為財所困，即使相位非常好，這輩子也跟錢財比較無緣，賺錢很不容易。如果土星金牛落在二宮會稍微好一點，當事人可以靠投資土地變成守財奴式的地主。土星金牛的人通常很小氣，他們重視金錢，卻不願意享受生活，像我有個朋友的父親，一輩子什麼錢都不花，穿破內衣也不在意，連報紙也不訂，從來都捨不得在外吃飯。但他總是禁不起一分二利息的誘惑，總是借錢給別人放款，這些錢當然有去無回，他父親每隔幾年就會因此賠上一大筆錢，這些賠掉的錢足夠讓他們全家十幾年每天出去吃飯。可是他父親越賠錢就越不肯花錢，反而形成一種惡性循環。

土星金牛往往是那種喜歡教訓旁人賺錢不易的人，他們一生都活在金錢的恐懼之中。尤其當事人如果碰到了每二十九、三十年一次的土星回歸時期，在那段期間如果越介入金錢活動，反而越容易產生財力縮水的現象。土星落金牛本來就不容易賺到錢，這些人永遠無法像木星金牛一樣隨便寫寫就變成暢銷書，土星金牛即使相位很好，錢也一定是來自於勤儉與積蓄，如果相位不好時，反而會因為過分勤儉造成財務損失。

天王星金牛

天王星進入金牛，金牛代表的物資與資源會受到巨大的改變，所有的資源會因為天王星的能量而重新洗牌。當時的社會有可能會反映出天王星金牛的優點，也可能會反映出天王星金牛的缺點。

最會摧毀資源的一定是戰爭，戰爭勝過任何生意的失敗。如果發生戰爭，所有的經濟活動必然停滯，就算再值錢的房地產在戰爭期間也不值錢了。天王星在一九三四年到一九四二年間進入金牛座，那個時期全球都因為戰爭而受到巨大衝擊。包括日本在一九三八年侵略中國，也就是蘆溝橋事件，一九三九年義大利入侵阿爾巴尼亞、蘇俄入侵芬蘭、德國入侵捷克、英國加入二次世界大戰，到後來連美國也捲入戰爭中。

天王星金牛也是社會出現大型經濟變遷的時期。當時美國因為捲入第二次世界大戰造成的大規模財產縮水，得靠著新制度來讓許多人度過難關，因此當時的美國總統羅斯福提出了社會安全制度的新政，讓失業的人至少可以享有一兩年的失業補助金。這個制度反映出來的是天王星金牛的優點，天王星代表的是創新，它等於是將個人資源轉為接近世界大同理念的資產共享。

天王星進入金牛，好處是會出現一些新的分享資源的方式，壞的部分在於它會讓大家經歷經濟混亂與經濟巨變，帶來經濟蕭條與經濟損失，西元一九三四到一九四一年，當時德國有很嚴重的內部通貨膨脹與經濟重擔，中國當時也是錢不值錢的時代。那是中國共產黨開始壯大的時期，他們可以壯大的原因，也是因為共產制度符合了天王金牛的價值觀。天王星追求的是極端的、進化的體制——雖然有時也會造成扭曲與異想天開。人性是自私的，共產主義想讓資源大家共享，藉由官僚管理所有資源，絕對是異想天開的政治策略。

海王星金牛

海王星金牛時期物質主義開始大規模發展，海王星歌頌金牛價值的理想，也帶來金牛夢想的破滅。海王星每隔一百多年才會進入金牛，我們這輩子都不會碰上海王星金牛的時期，而上一回海王星進入金牛是一八七四年到一八八七年，當時工業革命帶來金牛價值的榮耀，由於金牛與資源商品物質有關，工業革命帶動大量消費、大量生產，出現許多商品，城鎮也因而興起。以前瑞士工匠要花好多時間才能做出一個鐘，裁製一件衣服也要費許多工時，當工業革命出現後，人類才可以開始用機器去量產商品。

海王金牛會帶來致富的夢想，但也會帶來欺騙。在這段時間也出現許多金融問題，比方人類近代史上第一宗金融詐欺案，就在法國出現了，當時有一家公司鼓吹民眾投資中南美洲鐵路，結果導致非常多巴黎的投資人都蒙受損失。

只有藝術可以讓負面的行星能量得到正面的轉化與發展，海王星金牛會將金牛擅長的感官夢幻化，好比印象主義就是在一八七四年海王金牛以後開始發展的，當時的畫家像梵谷，他以繪畫呈現自然的色彩；或像莫內（Claude Monet）以點畫法重組感官世界，都將視覺提升到一種新的夢幻境界。

冥王星金牛

冥王星繞行一圈的時間約為兩百四十八年，大約要到二〇九五年才會走到金牛座。上一次冥王星金牛的時期為一八五一到一八八四年，時間長達三十三年。前半段的冥王金牛時期與工業革命的巔峰重疊，大量財力、重大權力與資源進入了社會的集體潛意識之中，金牛代表的物質資源能量碰到冥王星時發展出更大的貪婪與擁有欲，造成大規模的經濟擴張。工業革命巔峰時期，從英國到歐洲到中國，股份有限公司與工廠大量成立，在此之前，人類世界只有工作室，沒有工廠。

一八五一到一八八四年也是冥王星對金牛價值進行清算與轉化的時期，當時馬克思寫出了

《資本論》，馬克思認為將金牛的個人資產轉為共產是一個改善社會的方法——要知道去除個人資產這種論調，是連以棄世為主的佛教都不敢提出的的想法。這套政治理論絕對不是嘴巴上說一說而已，而是透過權力的手段來對經濟體制進行轉換與制裁。

一八五一年到一八八四年也是全世界工廠最黑暗的時期，大型工廠開始在全球出現，黑暗虐待與不合理的貪婪造成很多社會問題。狄更斯（Charles Dickens）的小說《雙城記》中就有描述過這種現象，當時倫敦七、八歲的童工每天需要工作十幾個小時，這也造就了馬克思的「資本論」出現的契機。社會財富當時都集中在少數資本家手中，我們甚至可以說現在的資本家跟以前冥王星金牛時期的資本家比起來根本不算什麼。

Chapter/3

雙子座

雙子的能量是宇宙中掌管基本溝通的重要代表。雙子座的主星水星赫米斯就是掌管宇宙之間大量流通的訊息的信使，因此雙子座代表的就是資訊與常識，一般指的是流傳在報章雜誌與街頭巷尾道聽途說的資訊，而不是象牙塔裡的經過嚴密思考處理的知識或智慧。我們如果平常看很多電視報紙就會有常識，但不等於有知識，更不能說有智慧——不過一個有智慧的人也可能沒有常識。兩者屬於溝通的不同層次。

雙子座的心智活動有三種不同的層次。最低階的是純粹熱衷蒐集沒有經過整理消化的淺薄資料，這種雙子往往顯得雜亂無章；第二種層次是把街頭巷尾蒐集到的資料，變成一般大眾能懂能接受的知識，但依然是普通的大眾知識，只是有整理過，好消化吸收；第三種最高階的則是把複雜深奧的學問，變成一般大眾能懂的簡單知識。基本上雙子座不會對非常複雜的東西有興趣，除非外行星有很好的相位，才會有來自天海冥的刺激所得到的深奧知識，但即使如此，他們也會把這些知識轉換成比較容易被大眾接受的東西，因為雙子的能量永遠在於與大眾溝通。

太陽雙子

太陽雙子的人，除非與土星有剋相，否則他們的父親都會具有雙子的特質。他們的父親通常心態年輕、很會溝通、喜歡侃侃而談，而且喜歡教育小孩。在他們童年的時候，父親會常常跟他們講話，常常灌輸他們資訊。不管是講笑話、教雜學知識，或是說故事、談八卦，這些雙子的常識，對小孩來說已經很厲害，也因為它們都不是嚴肅深刻的主題，對於孩子來說，反而比較聽得懂，容易被影響，也特別有吸引力。

也因為太陽雙子的人從小就受到這樣大量的心智刺激，從小就習慣心智的溝通表達，因此他們會熱衷心智活動，喜歡閱讀、學習、雜學、收集資訊、溝通交談，而且生性好奇。對於女性來說，本命星圖中的太陽也跟另一半有關，因此太陽雙子的女性長大後也容易遇到容易侃侃而談的另一半，雖然對方不見得是太陽雙子，但也都會是比較喜歡與人溝通的類型。

由於太陽跟雙子都是陽性的能量，彼此之間是協調的，如果太陽本身不受剋，太陽在雙子對男性尤其有利。除非本命星圖中具有很強的追求高深學問格局，否則太陽雙子有興趣的就是一般常識。我認識非常多不看報的人馬，可是我沒有認識不看報、不看電視的雙子，從外界得到訊息對於雙子來說很重要。除了獲取資訊以外，太陽雙子的人也喜歡跟人交談與分享。不過他們雖然喜歡溝通，每天跟別人談很多話，可是不會長篇大論，每次談的內容都不會很深，如果訂一個很深的學術議題要雙子去研究，他們會沒有興趣。對他們來說，像蜻蜓點水般在短時間內知道很多常識就夠了，不需要花那麼多力氣去深度鑽研。

其實在日常生活中用到高深知識的機會並不多，大部分生活中的溝通談到常識的機會比知識多，因此反應很快、伶牙俐齒，又樂於跟別人交流資訊與常識的雙子座，往往會讓人覺得他們很聰明。

太陽雙子很適合做所有以語言為表達工具或謀生工具的領域，例如報紙、雜誌、電視、廣播、業務員或顧問這類利用語言、文字跟別人溝通的工作。他們也適合從事表達看法、口語溝通的領域，例如大眾傳播與娛樂圈。美國有非常多的新聞主播與新聞節目主持人是太陽雙子。他們可能一開始是記者，可是如果成名，一定是因為他們能將新聞節目主持得很好，而不只是單純的播報新聞而已。

在演藝圈裡面，雙子座的演員並不多，因為雙子跟演戲不太相關。如果仔細觀察一下會發現，很多本來想當演員或歌手的太陽雙子後來都轉型當了主持人，成績反而比當演員或歌手更好，例如胡瓜、李明依、小S、黃嘉千。不只是太陽雙子，包括月亮雙子如崔麗心、上昇雙子如蔡康永，也都很能勝任主持人的工作。

雙子不適合做演員的原因在於雙子座的情緒並不強烈，他們不像水象星座可以讓人強烈感受得到情緒，他們甚至可能不是好的來賓，被訪問的時候可能沒話講，因為他們沒辦法長篇大論。雙子的溝通比較像是打乒乓球一樣你來我往，他們不會不給別人講話的機會，不會問讓人無法回答的問題，也不會去搶話，不會讓人有壓力。雙子的溝通就像是在跳雙人舞，他們可以跟人協調得很好。

很多名人是太陽雙子，他們的媒體曝光率很高，但他們的名氣不是完全來自於他們的專業。太陽雙子基本上喜歡媒體，即使他們本身不是媒體工作者，也會喜歡在媒體出現，他們之所以容易有名是因為有媒體緣，他們喜歡跟傳播界打交道。

太陽雙子的人如果相位好，或雙子能量發展得比較高，除了口頭言語的溝通表達，他們還會長於文字的溝通表達，因為言語是比較基本的溝通方式，寫作則需要更高的能量。太陽雙子不能保證可以當作家，可是他們絕對會喜歡閱讀，他們往往每天閱讀很多份報紙，想要廣泛的知道很多資訊。太陽雙子通常得要配上水星雙子再加上其他好相位，才可以變成好作家。例如普希金（Alexander Pushkin）太陽、木星都在雙子、水星雙子都在雙子，柯南道爾（Arthur Ignatius

Conan Doyle）的太陽、火星、木星、天王星都在雙子，愛默生（Ralph Waldo Emerson）太陽、水星都在雙子，再加上太陽跟天王星的好相位，寫〇〇七小說的作家伊恩佛萊明（Ian Fleming）則太陽、水星、冥王星都在雙子。這些大作家都已經不是普通單純的太陽雙子了，他們還有很多落在雙子的行星及相關相位，因此雙子的能量變得非常強。

基本上太陽雙子絕對不會討厭朋友，不會喜歡離群索居不跟人來往，他們不會是害怕社交活動的人。例如美國思想家愛默生，除了寫作之外，他也以演講出名，很多作品都是來自於演講內容，當時他跟一群朋友建立了一個談文論藝的文藝社交圈，知名作家梭羅（Henry Thoreau）也是其中一員，他的名著《湖濱散記》讓人以為他躲在湖邊過著很孤絕的生活，而且彷彿住了十年一樣，但事實上梭羅的月亮落在雙子，他在愛默生介紹下租了湖邊的小屋兩年，每天都有人去看他，等於是住在湖邊社交中心。

有的作家喜歡自己關起門來寫作不跟人往來，但是太陽雙子的作家往往寫作的同時又喜歡與人形成小圈圈。哲學家也有很多是自己關起門來做研究的，像齊克果、卡繆，但太陽雙子的法國哲學家沙特（Jean-Paul Sartre）卻喜歡每天在咖啡館跟人聊天。

太陽雙子的台灣作家也有相同的特質，例如平路也是喜歡跑來跑去跟人打交道的作家，有些作家我可能三年都不見得會在社交場合遇到，可是平路我可能三天就碰見她一次；張大春更是典型的雙子，他不但每天都在廣播裡面出現，還喜歡去金華街的小酒館丟飛鏢、玩橋牌、字謎。

雙子座不會喜歡當個銷量只有幾百本的純文學作家，即使是張大春，除了一般純文學作品之外，也會寫青春小說與武俠小說，因為雙子喜歡寫的是可以跟大眾溝通的作品。有些很厲害的雙子作家像安伯托艾可（Umberto Eco），你可能會以為他們的東西是象牙塔中的知識，但其實不然，即使他們腦袋已經有象牙塔學者的能力，可是他們還是要去寫小說，還是要跟大眾打交道。

雙子的社交方式喜歡同時間跟很多人來往，他們不喜歡一對一的關係，因為容易感到無聊、尷尬或太親密而形成壓力。如果他們要跟朋友見面，會一天同時約上很多人，當你跟雙子座碰面之後，他們常常會告訴你他等下還有約，時間一到他們就走了。可是雙子有個好處，即使彼此很久沒碰面，每次見面他們的友情都還是一模一樣，不會變冷淡。他們雖然不會跟你親密到一個程度，但也不會疏遠，因此他們常常會是很好的業務員。

在工作方面，太陽雙子絕對不會希望只做一個工作就好，只做一個工作會讓太陽雙子覺得非常厭倦。只要老闆沒有意見或沒發現，而他們又應付得來，他們都會希望同時有兩三個工作。

不只是工作，日常生活也是一樣，太陽雙子總是喜歡一心二用或三用，不會專心只做一件事。他們常常一邊看電視一邊講電話，或者一邊跟人喝咖啡聊天同時收信、回簡訊。也有非常多雙子看小說看到一半就會先跳到結局，先看結局再決定要不要繼續看——其實他們就是沒耐性。

基本上，雙子不論男女不管多老都會保持一種年輕的感覺，即使臉上都已經有老人斑了，也永遠會保持一種少年少女的氣息，但不是牡羊那種孩子氣，也不是獅子那種要自尊愛面子青少年。

太陽雙子都喜歡做聰明人，而且自恃很聰明，他們絕對不喜歡把事情做得好努力好辛苦，他們覺得那樣就是笨，事情一定要很快的解決才聰明，他們永遠喜歡抄小路，希望多發現幾條路。

太陽雙子如果有剋相，當事人就容易顯現雙子座的弱點，例如不守承諾、心思浮動、騎牆派、投機取巧、不可靠。但即使他們真的這麼做，你還是很難生他們氣。除非火星剋相很嚴重，否則很難碰到愛發脾氣的雙子。牡羊很容易三言兩語就跟人槓上，但是雙子絕對不會。很多雙子人緣很好，很會應付別人與應付自己，他們能跟很多不同立場的人打交道。他們做錯事會嬉皮笑臉，絕對不會不好意思，所以他們活得很自在。他們是天生的投機派，可以穿梭不同政黨派別，他們絕對不會選邊站，絕對不會堅定表示只有一個立場。他們可以代表一方，可是不會真正得罪另外一方，不得罪人這一點太陽雙子最強。像我爸爸就是太陽雙子，我從來沒有看過他跟人吵過架，或是他聽到批評他任何一個朋友，並不是說他修養特別好，而是他對每個人都有他的相處之道，這是很多星座的人絕對做不到的事。

月亮雙子

月亮雙子不像太陽雙子，他們對寫作沒有太強烈的興趣。月亮雙子的人都會有一個比較聰明的母親，像我有一個朋友月亮雙子，她的媽媽是作家，以前我們那個年代很少有人媽媽是作家，這很難得。我從小就發現這個朋友的媽媽很聰明，但她跟小孩之間不太有感情。所以如果一個人的月亮落在雙子，代表他們在成長過程中，與母親的情感互動是很少的，這也造成他們長大不習慣去表達親密的感情。

月亮雙子的人都希望伴侶關係不要太黏，月亮雙子的女性本身就是不黏人的人，而月亮雙子的男性則希望找到不黏人的對象，但是一定要很談得來。對月亮雙子來說，夫妻之間最好像朋友，如果他們的配偶很需要親密感的話會很痛苦。

月亮的特質最容易顯現在家庭生活上。太陽雙子的人很喜歡在外面跑來跑去，回到家裡可能乖乖的都在看書，月亮雙子則很喜歡找不同朋友到家裡去玩。月亮雙子不像月亮巨蟹找的都是親人或老友，他們是少數很能讓許多陌生人在家裡來往的人。我認識一對最喜歡在家裡開派對的夫妻，兩人都是月亮雙子——其實這也意謂著月亮雙子其實不喜歡過很緊密的家庭生活。像我就是不太能在家開派對的人，我覺得回到家就是要休息。另外月亮雙子也很喜歡搬家，住不同房子，所以除非他們的配偶需要安全感，很喜歡住固定地方，否則月亮雙子的人不會喜歡買房子，他們不會覺得租屋沒有安全感。這跟有沒有錢買房子無關，我認識很多月亮雙子很有錢但是不買房子。這是月亮雙子很奇特的地方，因為有的星座是絕對要買房子，即使不是要投資也絕對無法忍受要住別人的房子。

月亮雙子的人不喜歡情緒化，他們喜歡找很多人回家開派對，跟很多人共處一個屋簷下，但是他們與朋友之間的話題並不會談得很深。有的星座的人可能剛認識不久，他們就可以跟你聊很深入的話題，可是月亮雙子想都不要想，即使認識了十幾年，他們都不會告訴你真實的狀況。例如我有個月亮雙子的朋友已經離婚了三次，我不但不知道他離婚的原因，連他離婚的時候是痛苦還是快樂都不知道。他們就是不會講內心的話，不喜歡表達很深的情感。

月亮雙子剋相的人會讓你知道他們的不安，可是他們即使跟別人談自己的焦慮緊張，用的也是分析的方式，他們沒有辦法用情緒跟別人溝通，這樣會使得當事人特別容易出現親密關係的困難，因為親密關係不能只靠語言與思想溝通，情緒也很重要，對方要知道你到底快不快樂、痛不痛苦，如果你完全不表達情緒，親密關係就會很難維持。

我認識一個月亮雙子女性，在跟先生談離婚的一年多時間，跟我們見面時雖然都在談離婚過程中的痛苦，可是卻感受不到她痛苦的情緒。這也是月亮雙子的共通問題，他們可能平常很多朋友，但是交情都不深，他們可能有五十個朋友，但沒有一個朋友可以好好談上十小時。他們沒有可以訴衷情的朋友，因為他們所有的朋友關係都是可以溝通但無法親密。

月亮雙子如果受剋，當事人會很容易焦慮，對女性來說要特別小心。月亮雙子受剋的女性會更容易神經緊張，情緒也更不穩定，因而影響到月亮代表的荷爾蒙腺體，造成荷爾蒙失調的問題。

水星雙子

水星在雙子的人心智活動很快，而如果太陽也同時在雙子，他們會顯得非常聰明；如果太陽在巨蟹或金牛，他們或許不像太陽水星都在雙子的人反應這麼快，但他們會穩健許多。

太陽水星都在雙子的人具有成為好作家的基本能量，因為他們上知天文下知地理，什麼事情都可以略知一二。他們特別會講話、特別會表達、特別會玩心智遊戲，如果不去發展深度的知識，他們也會是很會打麻將、很會下棋的人，像我爸爸就是這樣，他打牌最多小輸，大部分都在贏，原因在於他很會記牌，他常常覺得那些不會記牌的人很笨。水星雙子的人可以記住很多事情，包括各式各樣的知識，所以他們也很擅長益智遊戲、有獎問答。

水星落在雙子是非常強勢的位置，水星雙子的人很喜歡學習，他們會看通俗小說，也會看純文學，他們有興趣學習的領域比太陽雙子更廣泛。

之前我們說過，太陽、水星合相的人具有唱歌的潛力，因為他們可以透過水星的聲音忠實的傳達太陽的意志。而太陽水星合相在什麼星座也各有不同的特質，例如芭芭拉史翠珊的太陽、水星合相在金牛，因此她的歌聲有金牛的雄厚感；法蘭克辛納屈太陽、水星合相在人馬，所以他的歌聲很奔放。而巴布狄倫（Bob Dylan）則太陽、水星合相在雙子。其實巴布狄倫有點破鑼嗓子，可是他唱的歌裡面有很多訊息，都像是在講話溝通。

水星雙子的人如果從事寫作工作，他們寫起東西都不會寫得很痛苦。他們都喜歡蒐集故事，而且不排斥邊寫邊連載。他們寫作的時候都不喜歡長篇大論，例如張大春的長篇小說其實是很多短篇串在一起，侯文詠也以極短篇出名。水星雙子除了有寫作天分外，他們對橋牌、填字遊戲都會有天賦。而且他們的手很巧，往往對鋼琴、吉他、小提琴這類會用到手的樂器很有一套。他們也喜歡手工藝，以及網球、手球、籃球等需要用到手的運動。

水星雙子很喜歡跟人講話，他們喜歡蜻蜓點水式的談各種話題，但不一定要有結論，因為他們喜歡的是溝通而不是尋找答案。但不要以為水星雙子每天來跟你聊天就是把你當朋友，他們只是喜歡聊天，並不會介入很多感情。

金星雙子

金星的能量主要在於表達藝術與感情，所以金星雙子的人不像水星雙子那樣會把雙子特性表現在語言或寫作。太陽或水星雙子比較會選擇去寫作、做主持人、談話、做生意業務，可是金星雙子不是，除非金星雙子同時水星或太陽也在雙子，否則這個能量無法用來當作家。

金星雙子的人通常不會一次只喜歡一個對象，他們很少只對一個伴侶有興趣。嚴格來說，不能說金星雙子很花心，因為他們有能力可以同時喜歡兩個對象。對他們來說，沒有什麼忠不忠心的問題，因為他們的情感本來就不會永遠只對一個人忠心。不過，可以同時喜歡兩個人的人不見得一定會外遇，而很多外遇的人也不見得會同時喜歡兩個人。金星雙子的人可能結了婚後是很忠實的，但是他們內心知道自己不可能只喜歡自己的配偶。光靠金星雙子不代表會出去外遇，他們只是特別了解人性本質上不會只喜歡一個人。由於金星雙子很清楚自己的情感邏輯，有時候反而會是一個還不錯的配偶。因為這樣的人不會因為喜歡上別人而馬上自亂陣腳，這樣反而不容易出亂子。對於一次只能喜歡一個人的人來說，如果婚後忽然喜歡上別人，可能就無法在原來的婚姻待下去了。但是金星雙子因為習慣一次喜歡很多人，所以沒有非要只選一個的壓力，反而可以在同一個婚姻裡待得比較久。

雙子最大的特色就是輕快，他們絕對不會是沈重的，也對沈重的事物沒有興趣，所以金星雙子喜歡選擇很喜歡聊天、很開放的伴侶，他們喜歡聽明風趣的人，尤其金星雙子的男性更是如此。金星雙子男性喜歡聰明的女生，如果你聽他讚美一個女生，一定不會是說她好漂亮，而是讚美對方好聰明——不過，對於雙子來說，聰明是機智、反應快，跟有沒有智慧無關。

對於很多星座的人來說，跟另一半是否談得來不見得很重要，因為如果要聊天，大可以去找朋友聊，但是對於金星雙子來說，可以溝通的情感關係對他們來說非常重要，如果跟另一半聊不起來，他們就不會想進入這個關係。

太陽雙子或金星雙子的女人常有一種特殊的性感，例如瑪麗蓮夢露。她們的性感不在於肉感，她們不是靠大胸部取勝，不是眼神會勾人，而是一種少女型的性感，她們的性感中帶有一種機智，像瑪麗蓮夢露剛開始走紅的時候，靠的是一種幽默可愛的俏皮，小S扮性感時大家也不會覺得很肉感，而是一種青春少女的性感，這就是雙子的特色。

金星雙子的人比較不會因為感情糾紛而上社會版，因為他們即使喜歡不同對象，對每個對象都很好，但他們對每個對象都不會親密到一種深度。他們並不是激情的戀人，永遠不會保證只愛你、不會變心，所以也不會搞到要死要活——越死心眼的人被人變心後就越可怕，出問題鬧上新聞的都是這種人。金星雙子的人也不喜歡佔有欲很強的對象，如果金星雙子的人發現正在交往的對象很善妒，他們就會開始躲，而且躲得很有技巧，讓人拿他們沒辦法。

金星雙子本來就不容易專情，如果金星雙子有剋相的話，他們的婚姻就會比較容易出問題。金星跟什麼行星產生剋相，情況也不盡相同，如果金星雙子又有土星相位，當事人雖然情感不專一，但是關係不一定不專一，可是如果金星雙子再碰上天王星或海王星的剋相，情況就沒有那麼簡單了。不過不見得所有的金星碰到天王星的剋相都一定會出問題，比如金星巨蟹碰到天王星剋相，他們可能心猿意馬很久但不見得真的會去做。因此看星圖判斷會不會出軌，一定要配合星座的能量來看，而不是只看相位就下判斷。相位必須加上能量特質，才可以判斷是否會由內在的情緒演變成外在的事件。

火星雙子

火星雙子的人不太能夠靜下來，他們會安排很多很頻繁的活動。一個人從早到晚只做一件事情，一口氣做個十幾小時不休息，這不叫活動很頻繁，這叫做很專心，而火星雙子不能忍受從早到晚只做一件事，如果出去外面工作幾小時，他們則可能要跑來跑去做好幾件不同的事。火星雙子特別喜歡遇到新的狀況，所以如果你有火星雙子的朋友，你會覺得他們不夠朋友，因為他們的時間絕對優先留給新朋友，他們跟老朋友約的時候常會說自己可能會來可能不會來，意思就是，他們如果當天沒有更新的朋友約才會來，他們只要有機會認識新的人就不會來找老朋友。他們可以投入很多事情，可是每件事都不能持續太久。而且他們喜歡臨時改變主意，如果要跟他們當朋友，就必須習慣這件事。

雖然這樣講可能不太好，但是火星雙子在性上面，是我認識的人裡頭少數天生有雙性與多重性關係傾向的人。因為雙子星座本來就具有雙性戀的特質，例如普希金、費茲傑羅（Francis Scott Fitzgerald）、伍爾芙（Virginia Woolf）等人，他們不見得真的會這麼做，但他們性欲在本質上不排斥這些事情。

火星雙子對於性的雙重性跟外遇的情況並不一樣，火星雙子的人在性的方面就是喜歡同時有很多現在進行式，也比較喜歡追求大膽新奇。如果火星雙子的人太陽落在金牛或巨蟹，他們就比較不會真的行動，但自己心知肚明。他們把性當做遊戲，他們內心真的認為性不過是去網球場上打網球，為什麼這輩子只能跟同一個人打？他們覺得愛一個人跟上床是兩回事。所以他們在性上面特別能逢場作戲，而且也特別敢把性的事情告訴別人，對於性也沒有警惕心。

火星雙子絕對不會是在性上面很持久或很投入的人，他們不會深度涉入、不會全神貫注、不會全心全意，更不會很激情，也不會想用性來證明自己的能力。基本上他們就是把性當作一種遊戲或運動，因此才不會覺得這是嚴重的事情。一般來說，會在性上面投入很深的人，例如火星天蠍，他們會把性看得很嚴重。可是火星雙子他們不覺得性很嚴重，對火星雙子來說，性就像是打球流汗，洗澡回家。

火星雙子比金星雙子與寫作更無關。如果火星雙子會寫作，那是一定因為他們的太陽、水星有適合寫作的能量。火星雙子也跟講話無關，他們甚至不喜歡講話，火星雙子的人活動頻繁，活動量大，可是不是表現在語言上，他們精力旺盛可是專注力不長又好新鮮，跑來跑去才能讓他們保持足夠的注意力。

木星雙子

木星雙子的人如果相位不錯，當事人高中以前的教育會很順利，高中以後也還不錯。雙子的領域，例如廣播電視出版寫作，對他們都會很有利，即使相位不好，也至少會跟這些領域有緣。

木星雙子的人也喜歡廣泛閱讀、喜歡資訊，也喜歡寫東西，而木星雙子又跟太陽、水星雙子有些不同。木星雙子的人會在寫作與閱讀上追求意義與智慧，他們不只喜歡蒐集資訊，還會特別喜歡學習，他們會很喜歡去上課、聽演講，他們會希望雙子的知性活動是比較有意義、比較有目標的，他們會將蒐集資訊目標化。太陽或水星雙子可能只是為了滿足好奇心，而不是為了學習。木星雙子的特色在於他們的知性活動會更深度、更專注，因為他們會希望得到常識中比較有智慧的東西，而不只是資訊或常識。所以他們是終身學習的學生，他們能夠透過學習得到樂趣，因此他們也適合從事教學或演講的工作。

木星雙子的人星圖中如果也同時有太陽、水星的合相會特別有利，像普希金、巴爾扎克（Honore de Balzac）。木星雙子如果相位好，他們與人溝通的時候會是友善的，如果相位不好，他們在溝通時可能會遇到法律糾紛。由於木星也代表榮耀、獎賞，地位等同於大眾媒體中的諾貝爾獎的普立茲獎，創辦人約瑟夫普立茲（Joseph Pulitzer）正是木星雙子。

木星雙子的人都會對平易近人的宗教哲學興趣，他們喜歡親近宗教但不會把這件事搞到很累人、很麻煩，他們不會信教到很狂熱、很犧牲，或很嚴格。他們也長於動手，喜歡手工藝、畫畫，也喜歡呼朋引伴從事社交活動。

土星雙子

土星雙子的人特別會有溝通問題。例如一九四三年的時候土星進雙子，那時候第二次世界大戰還沒結束，所以這時候出生的人，出生後會因為貧窮，生病，而有學習受阻、學習障礙等等早期教育受限的問題。例如愛因斯坦就是土星雙子，他小時候有語言發展遲緩的狀況，直到五歲才會說話，一度被視為低能兒。因為雙子管語言，所以一個人雙子能量會特別跟語言有關。不過一個人可能語言能力不好但是腦筋很好，像愛因斯坦的水星牡羊跟天王星有一百二十度和諧相，他可以思考高深的科學理論，而許多作家雖然很能寫，但不見得聰明絕頂。

土星雙子最大的問題是不善於表達，而不是學不會。土星雙子如果有剋相會有口吃的現象。口吃的人不見得腦筋不好，只是他們會因此更不喜歡講話。土星雙子往往也會有早期的學習障礙，但不是他們腦筋不夠好，而是他們不擅長跟老師同學應對。

如果土星雙子相位好，他們會很有專注力，記憶力也比較好。由於土星雙子不喜歡溝通，他們比較適合從事實際的事情而非語言式的溝通。他們適合去造橋修路，做電腦工程，他們也可以做很好的會計師、秘書。這些工作也是在處理資訊的溝通與連結，但是是透過法律、工程、數字等等，而非透過語言文字。

如果土星受剋很嚴重，尤其是在六宮，則要小心氣喘與肺的問題。

天王星雙子

美國一直是一個很受雙子能量影響的國家，他們一直很喜歡各種跟雙子座相關的事物，有人認為美國是一種淺碟文化。台灣近年來的發展也有這種趨勢，許多藝人都是在社會越來越娛樂化、淺碟化才有機會走紅，而大眾媒體的巨大影響力，也是從美國開始發展的。

天王星雙子的負面能量通常都與溝通障礙有關，此時人與人之間、國與國之間容易因為意見不合而產生衝突。上一次天王星進入雙子為一九四一年到一九四九年，正是第二次世界大戰的年代，而前一次天王星進入雙子時發生了美國南北戰爭，而再前一次天王星雙子時則有美國獨立戰爭。美國獨立戰爭起因於跟英國的溝通不良，美國內戰則是因為南北溝通不良，第二次世界大戰也是如此。

天王星雙子的年代，聰明、原創、直覺的心智都會受到鼓勵。天王星代表高科技，而每個時代的新科技都不同。上一次的天王雙子是整個廣播等大眾傳播媒體開始流行起來的時期，而這些雙子領域的流行，也是從重視雙子能量的美國開始發展到全世界。

整個二戰期間天王星雙子帶來很多新的事物，例如廣播、教育發展。人類歷史上過去並沒有普遍義務教育的制度，一九四一年到一九四九年天王星雙子的時期，很多國家開始推行基本教育

的改革，而這對全世界造成很大的影響

海王星雙子

海王星進入雙子的時候，雙子代表的溝通與知識開始普及。以前的圖書館是貴族的藏書庫，書籍不開放老百姓借閱，海王星前一次進入雙子的年代為一七二四年到一七三七年，當時班傑明富蘭克林成立了可以借書給民眾的圖書館。

接下來在一八八七年到一九〇二年海王星進入雙子的年代，則有大量寫作人才輩出，因為當時不光是海王星在雙子，冥王星也在雙子，如果稍微熟悉英美文學的人就知道，那個時代有威廉福克納（William Faulkner）、約翰史坦貝克（John Steinbeck）、費茲傑羅、海明威（Ernest Miller Hemingway）、納博科夫（Vladimir Nabokov）、亨利米勒（Henry Miller），這些大作家全部是出生於冥海合相雙子的時代，而且全部都是在一九二〇到一九三〇年代嶄露頭角。當冥海離開雙子後，影響這個世界最重要的方式應該就不是文字了。現在是用影像溝通的時代。打從這個年代以後，再也不會有世界級大作家一整批的出現了。那個時代過去了。

冥王星雙子

冥王星上一次進入雙子為一八八二年到一九一二年，由於冥王星雙子的年代跟海王雙子時期有重疊，上一次冥王星雙子時代也是大作家輩出的時候，而且因為是冥王星的能量，所以對世界有很大的影響。到了一九〇二年之後，則出了一批有冥王星雙子但是沒有海王星雙子的人，這時候展現出來的就是冥王星雙子的負面能量，也就是控制的力量，包括胡佛（John Edgar Hoover）、墨索里尼（Benito Mussolini）、尼克森（Richard Nixon）等人，FBI也是那時候出現的。由於海王星與藝術有關，冥王星雙子跟藝術無關，跟政治有關，冥王星雙子代表當時冥王星的能量會以雙子的形式發揮出來。像希特勒運用了大眾媒體的力量崛起，當時他有整個新聞部的人幫他拍紀錄片，很會做宣傳，後來所有用媒體宣傳為自己鋪路的政治人物，都是效法希特勒。墨索里尼也是如此，他們特別可以去控制媒體。冥王星雙子比較好的例子是出現了發明家愛迪生（Thomas Edison），貝爾實驗室就是在那個時候成立，電是重要的溝通工具，冥王星雙子的時候發現了電在日常生活普及的使用方法，讓人們可以用電來跟世界溝通。冥王星雙子還有兩件跟日常生活有關的重要發明，就是汽車與飛機，由於冥王星跟大錢大財團有關。這兩個發明都變成大財團工業。

Chapter/4

巨蟹座

巨蟹的特色之一就是很怕受傷害。相較於我們常說的很溫和、很柔軟的天秤，其實天秤本質上是可以跟別人對抗的，因為天秤是陽性的能量，他們表面上很柔軟，不跟你吵架，但絕對可以跟你慢慢斡旋，所以天秤是一般人很容易誤解的星座，會以為天秤的人看起來很溫和，可是你想折斷天秤很難。

十二星座裡頭最脆弱的其實是巨蟹，也因此，巨蟹的保護意識最強。從太陽巨蟹來看，太陽巨蟹的人不分男女都處於很強的自我保護狀態，太陽巨蟹的女性有時還有自己的月亮可以依靠，可以將太陽向外投射到丈夫身上，而太陽巨蟹的男性，你幾乎看不到他們不處在自我保護的樣子。

如果你傷害了巨蟹，他會永遠記得，可是只會悶在心裡自己受傷。他們既不遺忘，也不原諒，如果事後對他示好，他就會算了，但即使算了，他還是會記得，他永遠記得自己受到的傷害，但不是記你的帳，兩者是不同的。記得人家做過什麼對自己不好的事，不見得會覺得很受傷，但像水星巨蟹記得的都不是誰很壞，而是我好受傷。他們非常敏感，會花很多時間舔自己的情緒傷口，他們是和自己的情緒傷口活在一起的人。

由於巨蟹的能量在於保護而非侵略，因此不管男女，星圖當中巨蟹非常強的人對性的興趣都不大，除非火星落在性能量很強的星座。因為巨蟹真正要的不是性，而是親密感，性是一種侵略性的能量，侵略性和親密感兩者是衝突的。

巨蟹是和食物很有緣分的能量，巨蟹很強的人都會喜歡食物，食物帶給他們安全感，是很重要的慰藉。巨蟹不應該很瘦，如果巨蟹變瘦就代表他們有情緒的困擾，像是黛安娜王妃（Diana, Princess of Wales），當她有問題時就會開始消瘦。

巨蟹座很容易胃不好，因為巨蟹座特別和胃有關係。巨蟹是一個內縮的星座，巨蟹座很強的人往往情緒都不會表現出來，脾氣也不會發作出來。有些星座一點點不愉快會鬧得天下皆知，但巨蟹不會，即使當事人太陽和火星成九十度，他都不會像人馬、牡羊那樣發脾氣，他雖然忍氣吞聲，但不是真正的不生氣。巨蟹非常敏感，很容易情緒不好，只不過他不把情緒告訴你。這些不表現出來的情緒和脾氣就會留在胃裡頭，西方人稱肚子痛為「stomachache」，也就是把痛（ache）留在胃（stomach）裡，而不是在心裡。所以，非常多的巨蟹在情緒或憤怒不能表達時，他們的胃就會出問題。

巨蟹的保護特質也呈現在保守的態度上。巨蟹對於舊的、傳統的東西比較有興趣，除非星圖中有很強的天王星，否則巨蟹座很強的人不會喜歡太前衛或太古怪的事物。

巨蟹和天秤、摩羯、牡羊共有一個特色，它們都是啟動星座，它們都想去完成自我，所以這四個星座都很自我——包括巨蟹也是，都很喜歡做頭當老大。牡羊愛做頭大家都很清楚；摩羯喜歡攀登權力巔峰；一般人不曉得天秤喜歡做頭，因為天秤一定會拉很多人合夥，不會自己一個人強出頭；巨蟹也很喜歡做頭，只不過這四個星座裡，巨蟹是用最陰柔、最被動的方式達成，他們會悶聲不吭的做一件事情做很久，如果是天秤的話，他比較會告訴你他想幹什麼，不會隱藏自己的想法，巨蟹不會告訴你，可是他會慢慢去做。

巨蟹不會像雙子今天要、明天不要，巨蟹對他們要的東西都堅持很久、忍耐很久，不論感情或其他事物都是如此。以前我有一個巨蟹座朋友喜歡一個人在外國的男生，那個男生有女朋友，巨蟹女生可以追到外國去，等那個男生等了三年半，那段時間那個男生都和他的女朋友在一起，可是她就是可以等到他們分手，她可以接受那三年半的等待，但一般人不行。為了得到你，她可以非常非常堅持，可是她的堅持不是大喊大叫，不是天蠍或牡羊那種，她的堅持是用一種被動的、受害的、小媳婦式的、忍氣吞聲的方式。

太陽巨蟹

太陽巨蟹的男女都有母親的問題，有的是母親過分強勢，有的是得到的母愛不夠。其他星座的人得到的母愛未必特別足夠，但母愛不夠對他們來說不是個問題。可是太陽巨蟹不分男女，他們的人生都有母愛的議題，在他們內心深處某個部分都是和母親有關的，這是他們終身要處理的課題，所以你會發現很多太陽巨蟹的作家寫的小說都和母親議題相關。

太陽巨蟹的男性及女性最大的特色是非常敏感，對別人的情緒、別人的思想，他們有很強的直覺，可是太陽巨蟹本身對自己的太陽能量很沒有安全感，所以他們的情緒會隱藏起來，他們有情緒，但不會表現出來。巨蟹是月亮主管的星座，當太陽落在巨蟹，就會形成一種日暈的現象。所謂的日暈是指月亮遮住了太陽，以致於太陽的光若隱若現像一個暈。因為太陽是陽性的能量，落在陰性的星座，剛好日月反背，所以沒有辦法完全展現太陽的能量，這個狀況對男性影響特別大。

陰陽的關係是占星裡一個最重要的邏輯。男性的陽性能量比女性的陽性能量來得清楚，太陽在巨蟹星座的男性不管相位好壞，看起來絕對不會非常雄性、非常男子漢氣概。美國幾個重要的男性演員都是太陽巨蟹，像是湯姆克魯斯（Tom Cruise）、湯姆漢克（Tom Hanks），他們和太陽牡羊的羅素克洛（Russell Crowe）在陽性形象上完全不同。有些太陽巨蟹的男性覺得自己陽性能量不夠，就會開始追求一些他覺得比較有男性雄風的東西，藉著這些作法來讓自己更為男性化。例如太陽巨蟹的諾貝爾文學獎得主海明威，其實他年輕的時候看起來很柔和，但為了改變形象而留起大鬍子，藉由這種方式來獲得自我肯定。

即使海明威留了鬍子、熱衷登山、打獵、海釣、拳擊與鬥牛，除了成名作《太陽依舊升起》中的鬥牛情節外，還寫過一本鬥牛的專書。這些雖然都是很陽性的裝扮，但並不會因此就變成硬漢——真正的硬漢如火星牡羊的克林伊斯威特是絕對不會像海明威一樣自殺的。不過舉這個例子，只是讓大家感覺陰性與陽性星座能量的不同，兩者並沒有高下之分。換個角度來說，海明威家族自殺的人很多，他的父親、兄弟姊妹，以及後來的孫女瑪歌海明威也都是因為自殺身亡。除了顯示占星學裡的同時性之外，也說明了巨蟹座脆弱的本質。

由於太陽在巨蟹的人在能量展現上的日暈現象，所以不管男女，不論相位好壞，在生命過程裡，他們和父親都比較無緣。無緣的形式有很多種，如果太陽的相位很好，當事人未必是父親過世或父母分手，有可能只是因為當事人的父親是個非常忙碌的生意人，所以經常不在家。譬如說導演王家衛就是太陽巨蟹，他父親是個海員，他父母親感情並沒有不好，但如果父親是個海員，怎麼可能常常看到父親？

太陽巨蟹不論男女，生命中比較有緣分的主要角色是母親，即使太陽相位很好，在父母當中，母親還是會成為當事人生命中最主要的連結，他們和母親緣分特別深。但緣分深也不等同於感情就一定好，只能說他們跟母親一定比較親近，跟母親比較有緣分，法國作家普魯斯特（Marcel Proust）就是如此。這也可以分成兩種狀況：一種狀況是當事人覺得跟母親的親近很好；另一種則是當事人覺得跟母親的親近很有壓力。兩者的差別在於太陽相位的好壞，如果太陽不受剋，代表他們和母親的關係很深，而且是正面的關係；如果太陽巨蟹受剋，代表母親還是有很強的影響力，可是他們和母親的關係比較有問題。

太陽巨蟹的男性既然跟父親比較無緣，母親對他們的影響力又大，因此他們本質上不會發展出大量的男性意識，比較不那麼具有陽性能量。這並不是說太陽巨蟹的男性都會變成同性戀，但是他們往往會選擇一個強勢的女性成為自己的伴侶。他們會娶的太太絕對不會是小女人，而是比較中性、個性比較強、看起來不那麼女性化的人，譬如太陽巨蟹的前總統馬英九，以及太陽人馬的總統夫人周美青。太陽巨蟹的男性並不那麼受太女性化的女人吸引，他們喜歡比較強的女性。即使那個女性打扮得很女性化，像妮可基嫚（Nicole Kidman）看起來也絕對還是比湯姆克魯斯強悍得多。

太陽巨蟹的男性基本上脫離不了母親，因此他們在尋找伴侶時，特別會去找母親的替代品，因此太陽在巨蟹的男性要的關係比較不是情人關係，而是一種類似被母親保護的親密關係，當他們重要的母親角色喪失時，不管是母親或太太，對太陽巨蟹的人的打擊都非常大。

太陽巨蟹不分男女在不太好的關係裡都可以維持很久，除非對方要離開，否則他們不會是主動要求離開的人，家庭的殼對他們來講非常重要。太陽巨蟹跟太陽摩羯是最不會因為另一半外遇而離婚的兩個星座。但遇到這樣的事，太陽摩羯不會受那麼大的傷，如果他們覺得那個婚姻是值得的，他們可以繼續維持；而太陽巨蟹最大的問題是他們會受傷得很嚴重，可是他們不要離婚。

不過太陽巨蟹雖然抗拒離婚，但不表示他們一定很忠實。我看過的大部分太陽巨蟹如果有外遇，通常是因為配偶不在身邊，像是旅行或出差，一旦離開配偶所在的城市，太陽巨蟹並不可靠，但只要太陽巨蟹和配偶在同一個城市，他們外遇的機會不高，因為他們是每天要回家的人，很需要家庭的安全感，因此不能忍受外遇對象和他在同一個城市，這對他來講壓力太大，安全感太容易喪失。

有些星座一外遇之後感情就完全變了，太陽巨蟹不是，他們外遇之後還是可以回到原來的殼，對他來講原來的殼就是一個家，外遇是某種情感，他們會把家跟情感分開。

大家常會說巨蟹很喜歡家，太陽在巨蟹的男性不管母親狀況如何，他都會喜歡有一個穩定的家，他們希望另一半是個能為他們提供穩定的家的女人，要不然是像他媽媽，或像他不曾擁有的理想中的媽媽，所以太陽在巨蟹的男性確實都會對美滿的家或理想的家有情緒上的需求。

可是太陽在巨蟹的女性狀況就比較複雜，要看她有沒有所謂好的榜樣。如果她有好的榜樣，也就是她的太陽巨蟹沒有受剋，她的母親會很盡母職、以家為重、對小孩很照顧、喜歡做菜，太陽巨蟹的女性就會模仿她的母親，喜歡作菜、擔負家庭的責任、對家庭有很大的依戀、喜歡生小孩、喜歡擔任傳統上所有母親應該擔任的角色。

如果太陽巨蟹的母親無法好好擔任母職，這個太陽巨蟹小時候沒有被好好照顧，她會有一個不可靠、不穩定或常常不在的母親，這個太陽在巨蟹的女性就會很怕所有跟家庭有關的事情，她們不喜歡作菜、不喜歡有穩定的家，也不喜歡做媽媽。她對這些事情是有恐懼的，因為所有這些跟母職有關的事情，都會讓她想起自己跟母親之間無法完成的關係。像英國的黛安娜王妃就是這樣，她的母親在她很小的時候就跟馬球教練私奔，以致於結婚生子對她來說壓力很大，常常使她產生不安全感。

太陽巨蟹的女性適合做媽媽是很誤導的說法，那只是其中一種太陽巨蟹，你會發現有很多太陽巨蟹的女生怕結婚、怕生小孩、討厭作菜。相較之下，太陽牡羊的女性生了小孩可能不會好好照顧，把小孩放家裡，自己在外面做職業婦女，心情好就回家做菜，但她們基本上不怕母職，只不過她們太忙了，沒有時間去好好發展母職。可是太陽巨蟹的女性如果她的太陽受剋，她會排斥和害怕這些事情，所以有時候她會比太陽牡羊的女性更不想擔任母職的角色，這是特別要留意的狀況。

不管男女，不論相位好壞，太陽巨蟹的擇偶條件最重視安全感，情緒安全感及保障對他們而言非常重要，一旦他們找到有安全感的關係，即使關係變質，太陽巨蟹還是會繼續忍受很多無法想像的事情。我的朋友裡感情或婚姻出問題的人很多，如果是牡羊這類星座的人大部分都離婚了，可是巨蟹願意留在一個不適合的關係裡非常久，即使離婚，也往往是因為對方堅持，他們才被迫離開，巨蟹非常在乎他那個殼，他們不會主動離開。

太陽在巨蟹的人很需要各式各樣的安全感，包括金錢的安全感、家的安全感，這些都是為了提供他們情緒的安全感，但他們本質上跟金牛不同，他們不是真的愛錢，他們愛的是安全感。因此太陽巨蟹的人並不太喜歡投資理財，愛錢的人因為想要更多，才會把錢拿去投資理財，賠錢當然會難過，但不像太陽巨蟹的人那麼慘。對於太陽巨蟹來說，賠錢不只是金錢損失，更是安全感的喪失，因此他們不會熱衷於金錢遊戲，他們可以不要那麼多，守住眼前有的就好了。

月亮巨蟹

以巨蟹能量而言，月亮在巨蟹比太陽在巨蟹好，因為巨蟹的能量跟月亮比較協調，跟太陽很不協調。月亮在巨蟹的人很敏感，可是他們的敏感不會像太陽在巨蟹的人那麼需要隱藏，他們可以表現他們敏感的情緒，不像太陽巨蟹有不敢表現情緒的問題。如果月亮有剋相，當然也會有母親不見了之類的問題，但如果月亮沒有剋相，代表他們和母親之間、和女人之間，會有比較協調的關係。

月亮在巨蟹的人有幾個特徵，他們喜歡老東西、老家具、老古董，對老朋友很依戀，他們對老的東西有一種感情。月亮巨蟹的男性跟母親的關係都會很親密，他們也會很依戀他們的妻子或母親，可是依戀的程度不會影響他們自己外在的自我，也就是說，月亮巨蟹的男女對母親的依戀不會讓他們的太陽受到抑制，不會讓他們的自我受損。

月亮在巨蟹的人比太陽在巨蟹的人更喜歡從事家庭活動，第一他們喜歡老朋友，第二他們喜歡和老朋友在家裡碰面，如果你的朋友是月亮在巨蟹，你不可能沒有去他家玩過，否則可能是他不把你當朋友。另一方面，月亮巨蟹的人如果經常在外面活動，某種程度代表他和家人有些問題，否則不會大量在外面活動。

我認識一群七、八個男生，他們來自各行各業，有畫家、總編輯、廣告公司老闆、生意人，太陽星座也不一樣，有牡羊、摩羯、人馬等等，他們在一起固定聚會已經十三、四年了。最頻繁的時候一個禮拜會碰面兩、三次，平常一個月至少也碰面三、四次，他們完全是老朋友聚會，沒有生意上的往來。我有一次一查，發現所有人都是月亮巨蟹。他們把老朋友都當做延伸的家人，在一起聚會並沒有什麼重要的事，都只是在閒聊，月亮巨蟹非常需要這種老情感的關係。雖然他們也會去餐廳聚會，但最喜歡的是到其中一、兩個人家裡，因為他們覺得在外面不夠放鬆。他們的聚會常常是晚上八、九點開始，早上五、六點才結束，有時候在午夜一、兩點時已經沒話可講了，但也沒有人要離開。他們的情感關係是很特別的狀況，老朋友就像是他們的家人。

月亮巨蟹的女性要注意跟月亮相關的婦女疾病，因為月亮掌管女性經期，月亮受剋的女性要注意卵巢、子宮的健康，以及子宮內膜、經期不順的狀況。月亮會影響海水、潮汐，月亮每二十八天的波動完全和女性經期的波動有關，所以月亮受剋的女性經期也會受剋，也容易會有經痛的困擾。而且月亮巨蟹的女性對疼痛特別敏感，一點點的痛就會很痛。因此，月亮巨蟹的人如果有經期的問題就要接受治療，不治療是不會好的。

月亮巨蟹的味覺很敏感，如果相位不錯的話，他們都有能力成為美食家，不過不見得具備當廚師的條件。月亮在巨蟹的人多半喜歡的是被餵，而不是愛做，金牛則是一個可以成為好廚師的重要位置，因為金牛比較願意付出勞力去做菜，也有能力把東西做得好吃。相位受剋的月亮巨蟹要小心，除了經期問題之外，他們的胃也會比較敏感，因此不太能吃刺激性的東西。

水星巨蟹

以口語表達的工具而言，水星在巨蟹是不利的。因為水星巨蟹的人不擅長說話，不擅長用言語表達他們的想法，可是你不要以為他沒有想法，他很有想法，水星巨蟹的人觀察力很強，很會想事情，只不過不會說出口。水星在雙子的人很會說話，但他們不見得想得很深；水星巨蟹即使想得很深，但不太會說。因為本質上巨蟹能量是內省的，很多想法都會隱藏起來，所以不是一個適合溝通的位置。

水星巨蟹的人之所以能想得很深，是因為他們都是用很深的情緒在面對這些事情，他們想事情的時候很情緒化，因此他們不太適合做抽象性的思考，也不太適合學很抽象性的學問，譬如說哲學、神學、符號學、現象學，這些對水星巨蟹的人是有困難的，水星巨蟹也不是一個學占星的好位置，除非水星和天王星有相位，但還是比不上水星人馬或水星雙子與天王星有好相位的人。

水星巨蟹的人不太擅長去想抽象的東西，可是他們很擅長去想他們個人和他們週遭的事情，所以水星巨蟹會有個特色，對於很在乎的人說過的話，即使經過了很多年，他們還是會很清楚的記得。水星人馬或水星寶瓶的人可能早就忘光光了，但水星巨蟹特別會記得跟他們有關的人的事情。對於家人的事情、親密的人的事情，他們記得很牢。

水星巨蟹的人很關心各種跟家庭、家人有關的事，如果他跟你熟，他可能會問起你的兄弟姊妹之類的事。我有很多朋友也認識我妹妹，但他們從來不問我妹妹在哪裡，因為他們不關心這些事，可是水星巨蟹的人會關心。

水星巨蟹雖然不長於情緒表達，可是他們很長於了解人與人之間的情緒，所以水星巨蟹產生非常多的畫家。一般而言，畫畫是由金星控制的，但水星巨蟹的人如果金星相位不錯，也會具備畫畫的能力，尤其適合當肖像畫家。因為肖像畫需要能夠傳達人的內在情緒，好的肖像畫一定讓人感受到有人在講話，他們畫裡的人不說話但又像在說話，而水星巨蟹正好對人的情緒、人的內在想講的話很敏感，所以他們畫得出來。

他們很能了解別人的情緒而不是心事，如果有人對水星巨蟹不好、不友善、有敵意，他一定感受得到。你在人群當中聽到的語言常常都不是來自水星巨蟹，大部分都是聽到水星人馬、牡羊、雙子、寶瓶說了什麼，水星巨蟹看起來比較不像水星雙子那些人那麼聰明，因為他們不善於語言，但他們的心思很複雜，水星巨蟹不會講那麼多話，可是他們其實都有在溝通。他們比他們看起來的樣子更聰明，因為他們靠的不是語言。

我認識很多水星巨蟹的朋友，我發現我講過的話他們通通都記得，可是我自己都不記得，因為他們是屬於聽的人，他們在溝通上是一個收集者，專門收集別人的話。

水星巨蟹受剋的人特別容易受傷、特別隱藏情緒。他們不會跟別人爭執，但特別容易有偏見。水星巨蟹的人沒辦法開誠佈公好好討論事情，他的想法總是和情緒結合在一起，因此很容易對事情有偏見。偏見之所以會是偏見，就是因為不肯好好討論。

水星巨蟹比較保守，所以最好不要跟水星巨蟹吵架，譬如你不能看了一個水星巨蟹寫的東西就開始批評，批評完了說：「其實我只是隨便講講，我只是表達不同的意見。」這是行不通的。你不適合跟水星巨蟹的人表達不同的意見，因為他們不喜歡和人家辯論，有的星座可以辯來辯去、罵來罵去不傷和氣，但水星巨蟹不是一個可以和他吵架、辯論、意見不同之後沒事的星座。因為水星巨蟹很容易受傷，很容易受別人的話的影響，當你在批評水星巨蟹對於某些事情的看法時，他會覺得你在批評他本人，不是批評他的想法。

捍衛自己的殼對水星巨蟹來說很重要。因此你對著水星巨蟹的人批評他的國家，他會受傷，你對著水星巨蟹的人批評他的家人，他也會受傷，就算他知道自己的家人多不好，也不能由你來說，他們就是不能和別人口沫橫飛的討論自己的家人有多不好。

一般人跟水星巨蟹相處時，常會出問題的癥結在於每個人對於批評的承受度是不一樣的，有的人你批評他已經五、六分，但他聽到腦袋裡的只有一分；而你認為你批評水星巨蟹只有一、兩分，水星巨蟹會認為是八、九分，他們對批評很敏感。

水星巨蟹之所以在乎別人的批評，也可以說是因為在乎別人的意見——不在乎別人批評的人，往往也不在乎別人的意見。可是水星巨蟹很在乎，所以永遠不要去跟水星巨蟹講一些他們無法承擔的實話。你對他的善意可以透過別的方式表達，但不要跟他們討論，因為他們常常會覺得說不過別人、受誤解，他們很不擅長言語溝通。

水星巨蟹很關心老朋友，可以聽人家抱怨，譬如說婚姻或感情有問題時很難解決，你跟水星巨蟹的人說他會聽，他不會批評你，可是如果你跟水星人馬講這些，他們可能會說你為什麼不檢討你自己，那時候你就很痛苦，因為你只想抱怨而已。有的人即使知道自己有錯，但並不想被別人批評，可是水星人馬會立刻指出你的缺點，你的抱怨就達不到效果了。

每一種能量都有它的好處和壞處，關鍵在於契不契合，像是天秤或雙魚很強的人就會很喜歡跟水星巨蟹的人交朋友，因為天秤跟雙魚同樣也不喜歡被人指著鼻子罵。水星巨蟹的人不太有辦法接受別人的批評，但他們很能付出關心。而且由於他們怕被批評，所以他們也不批評別人，即使他們覺得你不對也不會批評你。因此很多水星巨蟹的人人緣很好，因為很多人需要的是關心，而不是批評指教。

金星巨蟹

金星巨蟹的人有藝術天分，對美很敏感，他們通常都有佈置家庭的才華、對於家具、建築相關的事物很有一套。他們喜歡的美感是比較古典、傳統、老式的，他們絕對不會喜歡家裡走極簡主義或是黑白色調。他們對於溫暖的、甜美的東西很有感受力，不喜歡冷冰冰或高科技的東西。

除非金星和天王星有剋相，否則金星巨蟹比太陽巨蟹更不容易出軌，因為不忠的過程會讓金星巨蟹感到很痛苦。金星巨蟹的人不喜歡自己不忠，也很怕別人不忠，對他們來講，感情和安全感很有關係。同樣都是外遇、不忠或劈腿，但每個人的感受不一樣，有些人會真的很後悔痛苦，有些人不會。

除非金星巨蟹的人太陽在雙子，否則金星巨蟹跟伴侶之間會需要很強的情感連結。如果一個人的太陽和金星都在巨蟹，他們會非常注重情感的親密，他們要的是很肯定的情感，以及很肯定的承諾。而且他們需要的情感會跟家庭有關，他們絕對不是只談戀愛不結婚的人，也不是覺得結婚和談戀愛是兩回事的人。所以金星巨蟹的人要跟牡羊、雙子、人馬、寶瓶在一起之前，可得多考慮一下了，因為金星巨蟹特別不能承擔不穩定的伴侶，但他們又很不願意離開伴侶，萬一真的跟這樣的人在一起，他們就得要一直忍受這些伴侶的不穩定了。

金星巨蟹雖然要很深的情感連結，可是他們很怕太激烈的激情或很火爆的感情，他們喜歡的是溫和的感情，有的人可以接受吵架、愛得死去活來的情感，但金星巨蟹只喜歡能夠帶來安全感的感情。

有的星座不排斥性愛分離，但金星巨蟹不喜歡沒有感情的性關係。金星巨蟹的男性喜歡有母親特質的女性，不喜歡女生太瘦，也不喜歡女強人型或運動員型的女生，他們喜歡有一點肉、有一點胸脯的女性。他們喜歡女生以理想媽媽的方式對待他們，但這並不等同於他自己的媽媽，因為他自己的媽媽不一定是理想的。

金星巨蟹的女生和太陽巨蟹、月亮巨蟹不同，她們會認同一種理想的母職角色，因此她們不會走上激烈的婦運之路，她們永遠不會覺得要和男性鬥爭，所以金星巨蟹的女生裡很少有激進的女性主義者，激進的女性主義者中金星牡羊的女生比較多。

金星巨蟹的女性晚年會有對子女過分依賴的狀況，因為她們很依賴這種比較固定的情感關係。金星巨蟹的剋相代表當事人這輩子就是要為家庭不夠美滿而痛苦。因為金星巨蟹的感情很敏感，如果受剋會有幾種狀況：如果自己外遇，他們會很痛苦，因為他們很難處理自己外遇的狀況；如果是配偶外遇，他們會比一般遇到配偶外遇的人更難過，因為他們捨不得這個家——如果是土星剋相，家庭得不到溫暖這件事對金星巨蟹的人會更嚴重。

火星巨蟹

火星在巨蟹不是一個很能發展的位置，因為火星要主動、侵略、自信、活力、勇氣，它是一種很直接的能量，而巨蟹隱藏、被動、內向，巨蟹需要的是連結，兩者的能量並不協調，所以火星在這個位置很困難，活力會減弱。火星的性欲落在巨蟹很容易能量受阻，性欲受阻有時候會變成性欲的扭曲，使得男性特別想去證明自己，光靠一個女生不夠，要找好多女生來證明自己，歷史上有很多花花公子其實就有這個問題。

火星在巨蟹的人不是天生的戰士，他們很怕跟人家正面作戰，又經常隱藏自己的情緒，他們是最容易生悶氣的人、很情緒化、最會有防禦性過度的問題。簡單來說，他們的侵略性最容易轉化成一種被動的形式，或是扭轉成內在的形式，所以很容易被人覺得很難搞。也因為他們喜歡生悶氣，所以火星巨蟹的人要特別小心胃的問題。

火星巨蟹如果受剋的話，當事人跟母親的關係會特別有問題，而且他們對母親有時候會有潛在的敵意。像哲學家叔本華（Arthur Schopenhauer）就是火星巨蟹。如果火星是和冥王星成九十度剋相的話要特別小心，代表當事人往往必須透過扭曲的方式來表現憤怒，所以會產生一些嚴重的問題。火星巨蟹也可能會把對母親的敵意轉成對女人的敵意，占星學上曾有過一個研究，芝加哥某個殺了很多女人的連續殺手就是火星巨蟹。

為什麼很多冷血的連續殺人犯可以得逞？因為他們很溫和，那些殺了幾十個女人的人看起來絕對不是要找女人麻煩的人，那種要找女人麻煩的人不可能約得到很多女人到他家裡去坐、去喝茶，很多會攻擊女人的人多半看起來都不會攻擊女人，甚至特別溫和。

火星巨蟹裡面的確出了一些女性關係有問題的人，譬如說俄國文豪普希金，他可能跟過幾百個女人上過床，還有拜倫（George Gordon Byron）、畢卡索，這些人都是火星巨蟹，他們都是女人很多的男人。他們那麼複雜的性行為其實跟母親的議題有關，如果一個人真正能夠愛上一個女人，他可能並不需要幾十個、幾百個女人。

火星巨蟹的女性如果火星沒受剋，她們喜歡的男性都是比較溫和、溫柔、愛家愛小孩、讓她們有安全感的男人，她們不會喜歡很雄赳赳、氣昂昂的男生。如果一個女生的火星在巨蟹，也代表當事人和媽媽有相處上的困難。火星巨蟹和月亮巨蟹一樣，要特別小心壓抑的情緒，所以也要特別小心女性器官的問題，因為女性器官最怕壓抑的情緒沒有發作出去，它就會累積，其實大部分的身心症就是因為情緒的壓抑而造成的結果。

木星巨蟹

不管木星有沒有受剋，木星巨蟹都代表當事人比較能得到家庭的資助。如果木星沒有受剋，當事人得到家庭資助與支持時會比較順利；如果木星受剋，代表當事人得到家庭資助的過程可能空歡喜，或代表家庭過度溺愛他們。

前幾次木星走到巨蟹是一九五四年和一九六六年，而一九五四年又比一九六六幸運，因為一九五四年天王星也在巨蟹，合相木星。我的朋友裡只要是一九五四年出生的，很多人都是天王星和木星合相在巨蟹，父母都有為他們留下財產，他們也都得到家庭比較多的資助。對木星巨蟹的人而言，他們的父母不太可能不留房子、不留錢給他們，而天王星的合相，更是放大了木星巨蟹本身的力量。

木星巨蟹的人這輩子都會得到家庭帶來的好處，他們很享受家庭生活，家庭也願意支持他們，支持他們的對象主要是母親。木星巨蟹的人如果不受剋，母親會用比較合理的方式支持，木星受剋不代表母親不支持，而是代表母親是用溺愛的方式過度使用木星能量。

很多人出國留學，家裡並不會給他學費，但有很多木星巨蟹的人是由父母給他們錢出國念書，這也代表家裡會支持他們去追求木星的價值，包括追求學位、追求高等教育。像導演李安就是木星巨蟹，他在紐約大學念電影碩士是在一九八一年、一九八二年左右，他爸爸不過是高中校長，家裡卻給了他兩萬五千美元做畢業製作，顯然家庭願意為他提供很大的資助。

土星巨蟹

土星在巨蟹的人則跟木星巨蟹完全不同，家庭常常是土星巨蟹的人這輩子煩惱的來源，當事人生命當中很多考驗、挑戰都和家有關，他們必須為了家庭付出、犧牲，即使土星相位好也一樣。我看過土星巨蟹相位最好的是英國的伊莉莎白女王（Elizabeth II），但是她一輩子被皇家代表的所有的國家責任綁住，她不能過個人生活，一生都奉獻給了她的家庭，也就是王室。所有皇家不愉快的事情都和她有關，她當然還有其他好相位讓她十分富有，但是她的財產中佔比最大的卻是不可能出售的王室房地產。

美國總統甘迺迪（John Fitzgerald Kennedy）也是，他之所以競選總統是為了家庭，他被刺殺也是因為選擇了這個工作。這兩個人都已經算是土星在巨蟹最好的狀況，有人或許願意和伊莉莎白女王交換，但不可能像她一天到晚都在承擔皇家的責任，一般人可能覺得伊莉莎白女王的犧牲不算犧牲，可是她為了家庭其實犧牲了所有的個人自主。

土星巨蟹的人不光是要為家庭犧牲，他們還必須面對一個很大的課題，就是他們沒有辦法獲得家庭的溫暖，這和木星巨蟹很不同。木星巨蟹的人都會和家人有情感關係，巨蟹的情緒化可以在木星當中得到發揮，可是土星巨蟹的人，巨蟹要的情感會被土星給切斷，它留下的只是家庭的空殼，沒有家庭應該要提供的情感關係。

土星巨蟹雖然要為家庭犧牲，但他們和家庭很無緣，他們無法和家人感情親密，也無法享受到家庭溫暖，他們和家人之間只有家庭的殼和家庭表面的關係，這也很像伊莉莎白女王和查理王子、安德魯王子之間的關係，他們雖然是母子，但他們不像真正的母子，親子之間情感的交流非常少。

很多土星巨蟹的人在成長過程當中，不能從家人得到感情，家庭給予的情緒支持也很少。土星巨蟹的人和母親的關係尤其困難，像知名藝人麗莎明妮莉（Liza May Minnelli）曾寫過一本書罵她那個明星媽媽茱蒂嘉蘭（Judy Garland），書裡寫到她媽媽雖然是很有名的女明星，可是從小沒有照顧過她，家人之間沒有感情。土星巨蟹不像火星巨蟹的人會跟媽媽吵架，跟母親之間有著扭曲的感情，土星巨蟹的人跟母親之間並沒有恨，但也沒有愛，只有完全的冷漠。

天王星巨蟹

天王星在巨蟹座的年代為一九四八年到一九五六年，這是人類歷史上第一代核心家庭開始出現的年代。天王星在巨蟹意謂著巨蟹象徵的傳統家庭會有很多改變，家庭觀念也產生了變化。這段期間出生的人都是第二次世界大戰的戰後嬰兒潮，二次世界大戰之後，每對夫妻生小孩的數量急速減少，以前很多家庭會生九個、十個小孩，可是二次世界大戰之後，小孩數目開始變成三個、四個。以前的人不太可能會離婚，頂多分居，天王星在巨蟹的這一代，對於傳統家庭的觀念比較不守舊，因此離婚率也從這個世代的人開始出現。這個世代的人也開始發展出比較新穎的家庭關係，像是慢慢開始出現單親家庭、混合家庭、同性伴侶、同居潮、職業婦女、工作母親，甚至開始有些人選擇不要小孩。

天王星在巨蟹的年代，對於家庭的觀念改變了，對於小孩的觀念改變了，像台灣曾經很流行的蒙特梭利教育法，它的創辦人瑪麗亞蒙特梭利（Maria Tecla Artemisia Montessori）就是天王巨蟹，她完全改變了對待子女的方式，她強調家庭要開放、小孩要開放。

天王星巨蟹跟家庭變動有關。負面狀況包括離婚率升高而造成很多家庭的瓦解，或是第二次世界大戰造成的家庭破裂。天王星在巨蟹的時期是全世界許多家庭瓦解的年代。例如一九四七年時印度獨立，巴基斯坦、孟加拉也隨之獨立，以回教為主的巴基斯坦本來有很多印度教族群，但巴基斯坦政府強制驅離境內印度教徒，印度也有樣學樣，驅離印度境內的回教徒，所以在一九四八年後這段時間，光是印度與巴基斯坦就有兩千萬人交錯跑到對方的地方去，到一個宗教一樣但不是他們家鄉的地方。一九四七年到一九四八年也是非洲分崩離析的時候。光是看台灣，一九四八年以後，中國大陸來台灣兩百萬人，當時台灣只有六百萬人，在極短時間內湧入了大約三分之一的人口，也代表了家庭的大量崩解與重整。

這個時期比較好的發展是美國實施新政後陸續推動的低收入住宅補助計畫以及社會福利。家庭和安全感以往都是靠個人維持，天王星巨蟹時推動的福利政策代表天王星帶來了更為平等的觀念，把家庭變成人類共同要管的事情，這是很進化的概念，需要在很進步的國家才能發展得出來。一個國家如果不進步，就不會發展天王星，當然就不會有這些福利制度。

在占星學中，土星和冥王星的能量最為宿命，諸如土星的貞操觀念，冥王星的權威專制，越保守的社會中，土星和冥王星的力量越強。天王星則並不那麼宿命，它是你要去跟宇宙對應的能量。環顧人類文明，所有進步的國家中，跟天王星有關的事物一定會比較多，因為天王星能量在比較進步的文明當中才有發揮的空間。在保守國家中，天王星的力量就比較弱，即使一九九八年時天王星和海王星同時走到了寶瓶，但在許多保守國家，天王星的力量還是難以發揮。

海王星巨蟹

海王星在巨蟹的年代是一九〇一年到一九一五年，人類的大遷移就是從海王星在巨蟹開始的。當時是第一次世界大戰，傳統的家庭觀念被海王星消融，開始出現混亂。海王星巨蟹也代表國家觀念的理想化，像美國前總統雷根（Ronald Wilson Reagan）、象徵美國的演員約翰韋恩（John Wayne），這些人的海王星都在巨蟹。

海王星巨蟹的力量讓人類開始將童年的概念理想化。《童年的消逝》一書中談到，人類關於童年的觀念是隨著文明的演進而建構起來的，歌頌童年是近代才有的觀念，在十九世紀以前，童年只不過是成年前的過程。將童年建構為一個神聖概念的時代即為一九〇一年到一九一五年，兒童文學的代表作《彼得潘》即出版於一九一一年。兒童文學將兒童理想化，並且把兒童的成長當成建立生命夢想的重要時期。

巨蟹也是內心之家，所以海王星巨蟹的那段時間，世界上有很多人開始對內心之家展開探索和追尋，很多知名的通靈人也在這段時間備受注目。

海王星在巨蟹時很多大型帝國開始瓦解，例如俄國、中國、鄂圖曼土耳其帝國，許多家庭因此面臨巨大的社會變遷，可是這個海王星巨蟹的社會變遷跟兩次世界大戰的社會變遷不同，因為海王星的瓦解過程是緩慢的，因此帝國瓦解帶來的家庭變遷也不像戰爭這麼快速而激烈。

海王星巨蟹代表家庭和家鄉秩序的混亂，帝國瓦解代表原先人們對於家庭與國家的觀念也被推翻，海王星在巨蟹的時代，人類集體意識對家鄉的認知變得很混亂。海王星巨蟹的人這輩子都有必須為家庭犧牲，以及家庭的夢想不能完成的宿命，這一代人最大的特色是：「家」為他們帶來很大的苦難。一般人的星圖上可能有父親的問題、母親的問題，可是不會有「家」被剝奪的問題。海王星巨蟹一生經歷家被剝奪，那種感覺是我們這一代人沒有的。

冥王星巨蟹

二十世紀之前，所有家的結構都不是單獨的單位，以前的「家」一定跟「家族」連在一起，每個人生長的家庭附近可能幾千人都是你的家族。而在二十世紀，整個家族被分割、被瓦解，之後的人類就開始誕生一個個小小的家庭中，冥王星在巨蟹這一代還有家族，但大部分天王星巨蟹這一代之後的人只有家，沒有家族。

一九一三年到一九三九年是冥王星在巨蟹的年代，冥王星在巨蟹的那一代很苦命，他們一生下來就碰到兩次世界大戰，意謂著家庭要經歷很大的生死掙扎、毀滅和重整，所以他們很重視家庭觀念和安全感，格外希望能夠擁有結構穩固的家庭。

但冥王星巨蟹的人往往生出了一九四八年到一九五六年的天王星巨蟹小孩，這兩者之間很有關聯。冥王星巨蟹這一代的人經歷了家人死亡與逃難帶來的不安全感，所以冥王星巨蟹的人對於家庭的控制欲特別強，但過度強烈的控制欲反而讓下一代朝反方向發展，傳統的家庭觀念在一九四八年到一九五六年的天王星巨蟹世代時起了很大的革命。

冥王星非常執著，冥王星巨蟹的人特別在乎巨蟹的家庭價值，因此冥王星巨蟹這代人這輩子的失落感很重，他們先是經歷了家庭被戰爭摧毀的痛苦，他們所生的小孩對家庭的觀念又和他們完全相反。冥王星巨蟹的人家庭觀念特別守舊，他們很少離婚、往往會生很多子女，盡可能三代同堂，但他們的下一代天王星巨蟹，不但大量離婚、分居，而且開始不跟父母同住。

冥王星巨蟹也和民族主義有關。以前的人類社會屬於部落主義，天高皇帝遠，最重要的單位是家庭、社群和部落。在第一次世界大戰之前，德國跟義大利都不是一個統一的國家，國家觀念在法國也並不強。直到第一次世界大戰，冥王星進入巨蟹以後，人類才培養出「國」是更大的「家」的觀念。國家神化建立的原因跟戰爭有關，由於許多家庭被戰爭摧毀，因此冥王星巨蟹要把很多小家庭連結成一個大家庭。從冥王星巨蟹之後，全人類才進入一個國家被神聖化，「家」變成「國家」的時代。

Chapter/5 獅子座

對獅子座來說，最重要的事情是既不是名，也不是利，而是出鋒頭。他們需要被看見，他們在乎的是受到大家的肯定與歡迎。其實獅子座要的東西非常簡單，他們需要的只是掌聲。不管是利用才藝、打扮、創作或任何方式，而他們博取注意力的方式也很單純，說穿了本質上都像是大喊「看我！看我這裡！」一點都不迂迴複雜。

獅子座從小就喜歡透過一些簡單的表演得到掌聲與注意，長大之後，就算當不了娛樂圈中的明星，他們也可能去做政治明星，或者成為企業明星。他們都對舞台充滿興趣，他們並不排斥眾人的目光，即使平常生活裡表現害羞的獅子，只要站在舞台燈光下，眾人的目光焦點就會成為讓他們轉為耀眼的太陽，完全不會扭捏。

大家常常將牡羊的愛搶第一跟獅子的愛出鋒頭混淆，其實兩者很不一樣。牡羊座其實是性急，當下想到什麼就一定要做，牡羊並沒有做明星的興趣，也不在乎別人的眼光。牡羊座最受不了的是跟大家一樣，所以其實牡羊座並不是那麼喜歡大眾，也不會擁抱大眾。牡羊座喜歡搶先搶快，他們要搶在眾人面前當領頭羊。

獅子座則不同，獅子座想要的是被大家當做明星，他們想要成為眾人裡面最尊貴的人。獅子座都會希望他們的東西是大眾的，是流行的，他們對冷門的東西及小眾市場沒興趣。獅子座喜歡大眾，畢竟沒有大眾，也就沒有掌聲了。

獅子座的東西絕對不會深奧難懂，他們很能夠為大眾著想，很能掌握大眾的喜好，知道大家想要的是什麼。對於獅子座來說，如果任何東西經過了他們手上就成為流行、成了暢銷，這才是他們生命熱情之所在。他們絕對不是功利的人，他們對流行的熱愛並不是為了賺更多錢，而是希望自己能照耀每個人。

獅子座自恃甚高，如果他們是政治人物，他們絕對不會像牡羊或者人馬這麼咄咄逼人，因為這樣有失身分。在他們眼中，牡羊不過是武士、人馬不過是弄臣，以獅子座的王者之尊，根本不打算跟這些人一般見識。

星圖中獅子很強的人，往往會有一種階級意識，本質上來說，他們也喜歡階級帶來尊卑差異。獅子座的人都不會討厭皇室——有趣的是英國皇室成員中，很多人星圖都有很強的獅子。他們不像寶瓶那麼重視平等，寶瓶跟獅子相反，寶瓶痛恨階級，討厭天下所有的皇室，即使根本是與他們毫無相干的別國皇室。

獅子座的本質並不是革命份子，他們基本上不那麼在乎平等，因為他們覺得只要不虧待別人，即使不平等也沒關係。我認識星圖當中有很強獅子的人，不管是太陽或月亮，或者金星在獅子的人，他們都喜歡被人服務，對於僱請傭人也沒有罪惡感，指使傭人做事時也不會心裡不安。因為他們覺得請傭人也是提供工作機會，只要不要對傭人不好，有什麼不行？

所有的獅子都很好強，也很好哄，因為他們真的比較單純。獅子座喜歡被別人看重與尊敬，他們最大的弱點就是太喜歡被別人讚美，只要聽到別人說他們好，他們就無法判斷真假。所以要哄獅子座是很容易的，你只要稱讚他們，他們就很容易被擺平。

基本上獅子很強的人都不太適合從事複雜的工作，所以獅子如果從政，一定須要有人替他鋪路。獅子座如果能當上總統，背後一定有高人，譬如說柯林頓（William Jefferson Clinton）。

柯林頓可能是美國領袖當中最不玩權術的總統，他做的其實就是扮演美國總統這個角色，即使傳出緋聞，他仍然可能是美國總統裡最像美國總統的人。他站出來最漂亮、最有總統架式，也很會講話，總統應該要有的樣子他都有，假設今天要為美國總統選角，他會是最好的人選。

不同於尼克森、雷根、布希，柯林頓在做總統的時候國務院的權力很大，很多政策都有希拉蕊以及幕僚替他出主意，他並沒有玩弄總統的權謀，他只要扮好總統的角色即可。

此外，選舉制度也對獅子座有利，不過也還是得要像美國這種國家，獅子座才有當上總統的機會，在台灣恐怕很難，在中國大陸這種官僚體系的國家更是不可能。以台灣政壇為例，當年蔣經國接班人選中包括獅子座的林洋港與摩羯座的李登輝，這兩個星座都對當總統很感興趣，問題是獅子座沒辦法掩飾自己對總統寶座的興趣，所以蔣經國後來選了看起來最不喜歡做總統的李登輝做副總統，他選了最尊敬他的人做接班人。

獅子座無法對別人表現出敬意，他們做不到屁股只坐半邊，也無法低聲下氣。一個人低聲下氣二十年之後，可能會爬到比較高的位置，可是如果你剛開始就沒辦法放低身段，只會遭人忌憚。林洋港當然很年輕就登上了政治舞台高峰，當上了省主席，但到了那個位子之後，就沒辦法更上一層樓，這就是獅子座經常會遇到的問題。

獅子座可以從事的是不怕出頭的演藝事業，因為只要登上舞台，永遠需要閃閃發光，而且娛樂業也不怕搶人家鋒頭，因為這就是明星的工作。

太陽獅子

太陽在獅子的人，最關心的就是別人眼中的自己，他們會希望自己看起來是明亮的、是好看的，也是高貴的。之前說過，從牡羊到處女這前六個星座都是自我能量的直接展現，而非對應環境的折射自我，代表自我的獅子座更是如此。因此雖然獅子座會為了自己在別人眼中看起來的樣子而做很多努力，但重點並不真的在「別人怎麼想」，而在於「我想讓自己看起來怎麼樣」。

大家不妨觀察一下，一群人的聚會中會主動幫忙倒茶之類的人，絕對不是太陽獅子，因為太陽獅子覺得幫倒茶這種事什麼人做都可以，不需要他來做。同樣的，如果你跟太陽獅子說，「去幫我把那個東西拿過來。」他們一定會覺得你憑什麼指揮他。

這些事情反而牡羊興致來的時候會很願意做，因為牡羊很愛管事，巴不得大小事全都自己來，他們永遠認為自己做得比別人好。而且牡羊不會覺得做這些小事有失自尊，因為牡羊的自尊是自己定義的，獅子座的自尊則跟他人有關。

很多太陽獅子雖然具有領導才能，但除非星圖特別好，否則正常狀況下，光靠領導才能很難讓他們在政壇支撐很久，卡斯楚（Fidel Castro）及拿破崙（Napoleon Bonaparte）是少見的例外。

如果太陽獅子相位不好的話，太陽獅子無論男女都會特別的傲慢、驕傲、獨裁與唯我獨尊——這與牡羊的唯我是用不同，因為牡羊並沒有要尊貴，牡羊要的只是做他們想做的事，他們並不在乎「尊」。

十二個星座裡面，有許多星座都不在乎自尊，沒有自尊的人不見得不能爬到高位，而有自尊的人，不見得有權力。例如摩羯考量的是權力而不是自尊，所以摩羯可以透過很多沒有自尊的行為去得到他想要的權力。

獅子座最大的問題就是：他們不能被罵，不能被人家指正。如果在公司裡老闆飆罵掃到五個人，裡面應該就只有獅子座會因為被掃到颱風尾而一整天心情很差。獅子座年輕時通常都很顯目，我們常會發現，獅子座往往在三十五歲以前升遷的速度很快，但他們一天到晚在乎自尊的結果，三十五歲、四十歲以後會越來越難往上升。此外，獅子座也不見得承受得起太高的位置，因為他們無法處理太複雜的人際關係。

不過不管是自尊或自大，獅子座基本上都是比較誠實的人，而且不光是言語誠實，他們的情緒、表情也很誠實。第一是因為他們腦筋比較單純，第二就是他們不願去做不誠實的事情，以免有損自己的自尊。

如果得罪獅子時通常會看到他們的臭臉，他們不太會掩飾自己的神情，所以他們大概不太能靠好人緣混口飯吃，像王菲對媒體擺了那麼多年的臭臉，但她還是王菲，如果是在別的行業，她應該早就完蛋了。所以說獅子座如果真的有本領，從事演藝圈的工作還算可以，可是演藝圈到最後光靠臭臉也還是不行，還是得要有兩把刷子。

太陽獅子對男性比較有利。因為獅子座跟太陽都屬陽性，如果本命星圖中太陽沒有受剋，就比較容易展現出陽性能量應該有的光芒，當事人也比較容易認同自我的男性元素，他們會很大方、很慷慨、很熱情、很溫暖。但太陽獅子如果是女性，當陽性的太陽落在陽性的獅子座，對當事人來說就會比較困難。

如果拿同樣太陽星座的男性跟女性相比，金牛男、金牛女，天蠍男、天蠍女，人馬男、人馬女，雙子男與雙子女之間雖然也都有差異，可是差別卻不會像牡羊男、牡羊女及獅子男、獅子女那麼大。

當女性的太陽落在陽性星座時，通常會有社會跟個人互相衝突的問題。所以我們可以發現，太陽獅子的男性跟女性，異性緣落差很大。太陽獅子的男性通常異性緣很好，而太陽獅子女性的異性緣就差很多。如果太陽獅子女性的太陽受剋的話，情況尤其明顯。此外，獅子座女性遇到的困難又比牡羊座女性更大。因為獅子女天生就有種凌駕眾人的氣勢，甚至強過牡羊女。此外，太陽牡羊女性的強勢通常顯示在她們想要的事物，而非顯示在自己身上，但由於太陽獅子永遠希望目光能聚焦在她們身上，太陽獅子的特質就容易別人造成壓力。

對於女性來說，星圖中的太陽代表了自我，同時也代表當事人的丈夫。當一個女性的太陽落在獅子，星圖中太陽代表丈夫的這一面就會被獅子座的自我籠罩，因而隱而不顯。太陽獅子的女性通常都會跟比較弱的男性交往，她們不可能去找陽光型的男性，因為她們星圖中的太陽已經被她的自我所佔據。而當太陽獅子的女性選擇比較依賴她們的對象時，她們的婚姻的確會比較順利。

除了感情上的困難外，太陽獅子對於女性當事人事業上的影響也有好有壞。太陽獅子的女性不管是從政或是從商，她們都很在乎被重視的程度，而且她們不只希望自己在職場上的身分受到重視，也在乎她們本人是不是被重視。這種特質讓她們很容易得到媒體的注意力，但是未必有利於她們的事業，因為跟她們合作的企業多半不希望受到太多媒體的關注。

我們會發現，太陽獅子的女性通常都很孤獨，她們朋友都很少，因為她們鋒芒太露，她們有一種天生的光芒，但這種光芒會使周遭的人感到威脅。太陽獅子小時候朋友不會少，由於他們天生的魅力，自然會有一群人喜歡跟在他們身邊，可是出社會工作了幾年，當這些朋友，尤其摩羯、天秤、寶瓶也慢慢往上爬到了一定地位，希望可以跟太陽獅子平起平坐的時候，問題就來了。因為太陽獅子永遠不想跟別人平起平坐，他們永遠希望自己可以比別人高一等。

太陽獅子很大方、慷慨，只要身邊有人需要幫忙，他們總是不吝付出他們的溫暖，但他們一定要站在比較高的位子，他們沒辦法跟別人平等。也因此，我們常發現太陽獅子喜歡弱者，不喜歡強者，能夠跟他們一直當朋友的人不多。除非找到一套跟他們相處的方法，否則不容易跟他們維持長期的友誼。

太陽獅子的女性還有一個問題，她們都對外表都過分重視，衣服整容開銷很大。我從沒看過不愛漂亮的獅子女，因為對獅子來說，面子是很要緊的，她們不太相信情人眼裡出西施這種事。有些人會覺得一兩個人說他好看就夠了，獅子不會，獅子希望身邊的大眾都覺得他們是好看的，因此他們會花上比較多的時間去處理經營這身皮囊。

一般來說，太陽獅子只要相位不錯，都容易在大眾市場中出人頭地，如果當藝人，他們絕對不會去搞冷門音樂，或創作出人家聽不懂的東西。太陽獅子基本上會關心一些比較能夠榮耀自我的事物，他們喜歡得到別人的注意力，因為他們覺得自己是太陽系中最閃亮的明星，所以他們在各行各業中都會展露明星風采。像時尚產業中，可可香奈兒（Gabrielle "Coco" Chanel）、聖羅蘭（Yves Saint Laurent）等都是典型的太陽獅子。獅子座想要出人頭地的話，一定要讓自己成為該行業裡面的明星，只有這樣他們才會很快樂。獅子座如果不出名是不可能快樂的。

太陽獅子是個對年輕人比較有利的星座，越年輕太陽獅子越可以散發光芒，許多太陽獅子從小就很引人注目，一路延續到國中、高中、大學，他們天生有種尊貴感，也有自信，有些星座在二十五歲以前是根本沒有這種能量的。這能量可以讓獅子座的年輕人在二十五歲三十歲之前，僅靠著自信定義的「自我」，就可以獲得別人的注意力。可是，問題也在於，當獅子年紀漸長，社會環境愈來愈複雜之後，他們開始發現，身邊的摩羯座、天秤座、甚至寶瓶這些朋友同事，已經逐漸學會從環境互動之中找出自我，發展成長，可是獅子座的人反而常常容易在面對複雜環境時產生挫折感，因為他們已經太習慣自我存在的重要性，所以許多獅子明星，名氣通常都無法持久，除非星圖當中還有很強的處女座。

此外，太陽獅子不太能夠接受失敗，如果碰上失敗——尤其在中年失敗之後，他們無法像摩羯或寶瓶維持那麼強烈的鬥志。所以獅子座的能量在早期會特別有利，但當他們在面對成年後複雜的社會；或是需要團體合作時，會發現自己其實是滿孤立的，中年之後的太陽獅子，除非星圖特別好，否則要比較小心這個問題。

許多太陽獅子在初出社會時，就不太願意從很低階的工作開始做起，如果你要找工讀生，最好不要找太陽獅子，因為他們最不喜歡幫人家倒茶倒水，或者幫人影印。即使在小時候，他們也不喜歡做那種被人認為不重要的、平凡的，或者不能顯現個人特色的工作。太陽獅子不喜歡服務，可是他們喜歡付出，這是不同的，太陽獅子的人慷慨大方，可是那是因為他們喜歡對人付出或照顧他人，而不是因為喜歡服務，因為服務通常意謂著矮人一截，代表他們不是主人，只是僕人，這對太陽獅子而言有著很大的差異。

獅子最好要有好的學歷、好的經歷、好的一技之長，簡單來說，在人生的舞台上，獅子難以靠做人在社會上生存，我從沒見過會做人的獅子座，因為他們的人格特質是難以彎腰的，所以他們一定要靠好的學經歷來出頭。獅子會得到什麼通常都是別人自動給他，他們無法拉票也做不了推銷員，頂多可以做產品代言，獅子沒辦法推銷，因為他們不太能接受拒絕，他無法請求人家，不能低聲下氣，他們就是有種奇特的自尊心。

月亮獅子

太陽獅子對於男性比較容易，對於女性比較困難，而月亮獅子的男性困擾會比月亮獅子的女性來得多。因為當月亮落在獅子，意謂著月亮會被掌管獅子座的太陽蝕掉。

月亮獅子的人通常有個強勢的母親，這會出現兩種狀況：其一就是父親也很強勢，因此當事人會經歷父親跟母親的家庭爭執，另一種狀況就是父親很弱勢，母親在家裡成為主導。通常月亮在獅子的人都會發現到媽媽才是家裡真正的主人，對於月亮獅子的男性來說，這種狀況會造成認同對象的混淆，因為如果認同強勢，認同的對象就會變成母親而不是父親，但如果認同父親，父親卻是家中的弱勢角色，因此對於男性當事人來說，不管認同哪一方，都容易造成人格障礙。

月亮獅子的男性通常會有兩種狀況：他們有可能一生都會受到強勢女性的吸引，也可能會特別排斥女性，尤其排斥強勢的女性。

如果當事人月亮的相位還不錯，代表當事人的母親雖然強勢，但他們可以接受；如果月亮受剋嚴重，代表當事人小時候母親的強勢帶給他很大的壓力，他們就會很怕他的母親，容易有嚴重的母親情結。像我有個朋友就是月亮獅子的男同性戀，他身邊所有女性朋友都是強勢的女人，女人如果不強勢他會覺得對方不像女人，但是他從小就看到爸爸被媽媽踩在腳底下，所以他沒辦法跟這樣的女人談戀愛。這對月亮獅子的男性很困擾，有一些月亮獅子的男性因此在扮演男性角色時會出現障礙。

月亮獅子的男性其實並不喜歡強悍的女人，他們只是習慣跟強悍的女生來往，他們可以接受女生是強悍的，但是他們不會喜歡強悍女性成為自己的另一半。這跟太陽巨蟹男性的狀況非常不同，太陽巨蟹的男性喜歡強悍的女性，他們會希望自己的配偶像太陽，所以如果太陽巨蟹的男生娶太陽獅子的女生，通常比較不容易出問題，因為一個願打，一個願挨。

月亮在獅子的女性雖然也會碰到強勢的母親，但她們不會出現月亮獅子男性的認同障礙，因為月亮在獅子的女性，通常會習慣繼承母親的強勢主導地位，所以月亮在獅子的女性，不管太陽落在哪裡，內在永遠有個女巨人。

如果你去問月亮獅子女性的先生，他們應該都會說太太在家很強勢。月亮獅子女性的太陽可能落在各種不同的星座，男女在交往的時候，雙方看到的多半是對方太陽的那一面，很多男人把月亮獅子的女人娶回家之後，從此發現家中多了個女巨人。

比如我認識一對夫妻，太太的太陽在雙魚、月亮在獅子。我們外人看到的都是雙魚很溫柔、很好說話的那一面，但她先生告訴我們，當年他太太在懷孕的時候，因為懷孕很痛苦，她會規定她先生，要穿孕婦裝裡面放顆西瓜，到外面走一圈，讓他也嘗嘗女生懷孕的痛苦，她平常在家裡是很強勢的，可是，她的強勢只有對她的女兒跟她的先生，她只有在家庭環境中才會展現自己的強勢。月亮獅子的女性很願意對家庭與伴侶付出感情，但是前提是你要聽她的話，你得屬於她，讓她照顧你。不論男女，月亮在獅子的人情緒都比較戲劇化，他們很不喜歡被人反對，不喜歡來自別人的挑戰，尤其需要家人的看重與尊敬，這對他們來講很重要。

月亮獅子的女性不太能夠跟強勢的男生在一起，她們也不會找太強的男伴，但她們比太陽獅子的女性容易跟男性維持關係，因為她們的自我理性並不是獅子，因此她們在外通常都會給先生留面子，回到家後再算帳。太陽獅子女則相反，她們在外時都會對先生有點霸道，但回到家後其實還不錯，所以太陽獅子的女性有點吃虧。

月亮獅子的人跟太陽獅子一樣都很喜歡表演，但月亮獅子的表演欲不是對外的，他們可能私底下會喜歡唱唱卡拉ＯＫ，但不像太陽獅子這麼喜歡站上舞台成為鎂光燈焦點。

月亮獅子不管男女都比太陽獅子愛玩，太陽獅子雖然也喜歡玩，但他們如果對於一件事情會產生興趣，都是因為那件事情背後有讓他們自我表達的可能。月亮獅子的人對事情的興趣基本上都是為了滿足情緒的需要。喜歡享樂是月亮在獅子的特色，他們喜歡各種跟獅子相關領域的活動，比方像看戲或各式各樣充滿聲光享受的娛樂。

水星獅子

水星在獅子是滿不錯的位置，因為水星本身的陽性特質很適合獅子，水星在獅子的人通常在表達自我的時候比較不會有障礙，他們喜歡自我表達，對於戲劇、娛樂與表演都有興趣。水星在獅子利於成為音樂家、演員，或從事與大眾相關領域的工作，因為獅子很懂大眾的心理，也很容易受到大眾歡迎。

水星獅子在年輕的時候不會覺得他不能寫東西，但大作家中水星獅子的真的很少，因為他們的作品比較適合舞台、比較大眾、比較具有時代潮流性，不是純文學路線。如果真要從事文字相關工作的話，水星獅子可以做編劇，或者寫通俗小說。他們也非常擅長操作政治口號，他們不是沒有文字能力，他們只是不抽象。

語言跟文字是抽象的，而水星獅子的人沒有抽象的腦筋，他們的腦袋是具象的，這讓他們在從事演藝、繪畫、音樂時比較佔便宜，他們的思考是圖像式的，他們不是透過抽象的文字跟語言邏輯在想事情。他們不是九宮的象牙塔，也不是三宮的心智遊戲。有一些水星雙子在發展得很好的時候，很會扭曲文字，他們寫東西很複雜，水星獅子根本不喜歡玩這一套，他們比較喜歡告訴你一些事情的簡單道理，而不是去玩純文字的東西，像電影導演王家衛就是水星獅子，雖然他可以編劇，但不可能去寫小說，因為他對複雜的文字遊戲沒興趣。王家衛的電影對白都非常簡單，他的電影特色完全在美學，他的電影都在處理情緒，跟文字無關，跟複雜的思想也無關，我從沒有看過水星在獅子的思想家，這並不是說水星獅子不聰明，而是他們的聰明沒有那麼遙遠，他們喜歡大眾聽得懂的事情。

我認識的水星獅子中有人拿到博士學位，可是我從沒認識過水星獅子的人是大學者，因為他們沒有興趣把東西複雜化，即使水星獅子同時又有木星的好相位。他們會把高深的東西變得比較簡單，或將一些有趣的哲學簡單化、大眾化，他們可能會關心一些人文或者思想，但還是不會去追求高深的東西。

這也是他們的優點，獅子有興趣的東西永遠是比較簡單的，他們覺得人幹嘛要自尋煩惱，為什麼要讓知識變得那麼複雜，只要人家聽得懂就好了，他們最在乎的不是高深的道理，而是會不會被注意到、會不會有趣。

水星獅子喜歡別人重視他的意見，所以某種程度上他們也好為人師，但是他們好為人師的狀況是不太一樣的，他們教導跟傳達的都不是很艱深的道理，所以水星獅子最適合做研究所教育之前的人師。不過水星獅子的人通常跟年輕人處得滿好的，他們即使年紀大了，也會跟年輕人有話聊，他們永遠不會距離年輕人的話題太遠，也不會是那種在年輕時就老氣橫秋的人，水星獅子的人對於一些流行的話題永遠都有興趣，不會完全脫離流行文化。

金星獅子

金星獅子很在意被別人崇拜跟喜歡，他們絕對不會喜歡別人是因為同情而喜歡他。有些星座的人不介意用示弱的方式來博得別人的喜歡，但金星獅子絕對做不到。

金星獅子永遠會希望別人是因為他們的優點而喜歡上他們，但有趣的地方在於，他們卻會因為別人的弱點而喜歡上別人，因為獅子座特別喜歡弱者，他們喜歡付出溫暖光芒給每個需要他們的人。獅子不管男女都有種特色，你比他弱他就會對你很好，如果你比他強，你們之間的關係就會怪怪的，弱者通常都會喜歡獅子座的人，可是如果境遇改變，原先比較弱的人變得不那麼弱，雙方地位漸趨平等之後，獅子會感受到很大的壓力，他們會很不喜歡，也不能忍受，雙方的友誼就很難維持下去。

金星獅子喜歡華麗、帶有昂貴感的美，他們不走低調路線。金星獅子從很年輕的時候就喜歡好東西，譬如像珠寶、好衣服，以及所有會讓他們舒適的美麗事物，他們也喜歡穿名牌。很多星座即使很有錢，也完全對名牌沒興趣，比如人馬跟寶瓶。最喜歡名牌的是摩羯跟獅子，但摩羯喜歡名牌是因為名牌能夠彰顯自己的身分，十萬身價的摩羯就會穿十萬等級的名牌，到了百萬身價的時候就會穿百萬等級的名牌，摩羯穿名牌不是因為穿起來好看，他們要的只是那個牌子。

但獅子從不覺得自己需要靠名牌來加持，因為他們覺得自己就是名牌。獅子座喜歡名牌是因為名牌的好品質，好品質能夠將他們襯托得光彩四射。有些名牌只是一時走紅，品質不見得好，或者穿起來根本不好看，獅子座的人絕對不會去買這種東西。從另一個角度來看，好品質的東西當中，有可能是東西很貴而品質很好，或者是物超所值品質好但是不貴，這個時候獅子座還是寧可選貴而品質好的東西，因為他們覺得貴的東西才配得上他們，因為他們值得使用這些好東西。也因此，金星獅子不喜歡買打折貨，因為買打折貨是沒錢人做的事，有失他們的身分。

金星獅子崇尚名牌不完全是為了名牌本身，最重要的是穿起來一定要好看，金星獅子不見得會選當時大家覺得最好的名牌，這些人基本上很有主見，也知道自己穿起來好不好看。有的時候摩羯會為名牌而名牌，穿著不適合自己的名牌，但金星獅子絕對不會犯這種錯。

金星獅子最重視的是自己看起來美不美，如果金星獅子受剋的話，他們通常會變得很虛榮。

金星獅子喜歡的東西都不會太前衛，他們不喜歡極簡、不喜歡作怪，他們的美學是符合大眾品味的。金星獅子不會喜歡破破爛爛的牛仔褲加上補丁，一條還要價兩萬塊，金星獅子不會上這個當。

金星獅子男通常會喜歡女生打扮得漂漂亮亮的，喜歡女生有一點明星的性質，男性金星獅子定義的女性美，是要經過打扮的。蓬頭垢面、衣衫襤褸，絕對不會是金星獅子的品味，如果你是個邋遢魚乾女，男朋友又是金星獅子的話，你應該要懷疑他怎可能會喜歡跟你在一起，金星獅子不管男女，都會喜歡現在最流行的話題，基本上他們對於好旅館、好餐廳都有興趣，他們命中注定不會碰到太苦的環境，只要金星在獅子，當事人一定有機會發展他的流行品味。如果兒子是金星獅子，他的媽媽應該也很會打扮，他們不會有個不洗臉梳髮的媽媽，金星獅子的小孩不太可能生活在毫無品味的環境中。

金星獅子的男性喜歡替女生花錢，他們喜歡送女生珠寶、花，以及各種華麗的東西，他們會藉這些華麗的禮品來表達愛意；金星獅子的女性則喜歡收到這樣的禮物。有的女生並不喜歡收昂貴的禮物，甚至會覺得很不妥當，可是金星獅子的女生不會認為男生送她東西是污辱她，她們會認為那是寵愛的象徵。金星獅子的女生喜歡過著像是羅曼史小說女主角般的生活，她們會喜歡男生對她們很好，常常送花、送珠寶給她們，她們喜歡常常被稱讚，穿得漂漂亮亮的，她們不太喜歡平凡，也希望不管到哪裡都會有人注意到她。

金星獅子的女性還有個特色，她們戀愛的時候喜歡男生送花、送珠寶給她們，婚後也同樣需要。她們希望即使結了婚，另一半還是會常常送她們禮物，常常一起出門約會，而不是婚後就走入平淡的家庭生活。金星獅子的女性很不能忍受先生外遇，更不能有小老婆，因為這樣意謂著她們被比下去，這是她們最不能忍受的地方。尤其是太陽、月亮跟金星獅子，這問題最為明顯。

金星獅子如果約會都不喜歡約在很爛的地方，他們會喜歡在比較華麗、昂貴、高級的地方，所有獅子都不喜歡路邊攤，如果去路邊攤都是不得已的，你要花點心力才能說服他們。他們買東西、吃東西都會挑選比較好的環境，獅子座不喜歡破破爛爛的地方，因為那種地方不符合他們的尊貴感。

金星獅子的人當然也不會喜歡當個飢餓藝術家，金星獅子的人都會對藝術有興趣，但如果他們要當藝術家，做的一定是可以賺錢的藝術，譬如像時尚、設計，或者戲劇。他們不容易成為觀念藝術家，如果你事先跟他們講做什麼行業會很苦很苦，金星獅子的人會很早就打退堂鼓。因為對於金星獅子來說，尊貴感跟受大眾肯定才是他們最重要的考量。所有獅子都不會關起門來做事只為了要獲得兩三個人的掌聲，他們非常在乎大眾名聲，雖然不見得全世界都會知道他，可是如果沒什麼人聽過他的名字，對於獅子座而言會是個打擊，他們即使在小圈子裡也需要被人注意。

火星獅子

火星獅子特別喜歡領導別人，之前說過的金星、水星獅子都喜歡別人尊敬他，喜歡別人看重他們，可是並不見得代表他們喜歡擔任領導的工作，只有太陽跟火星獅子會特別喜歡領導他人。水星、月亮跟金星獅子喜歡在工作裡有決定權，但他們未必喜歡領導別人。我們說火星獅子適合領導，但他們領導的也是個人明星效應，像法國的拿破崙、義大利的墨索里尼，他們都不是集團政治控制型的政治領袖，他們不是列寧。

火星獅子座絕對無法忍受當眾被責罵、被指揮，也無法忍受被人戳破弱點，獅子座私下也許並不覺得自己聰明，可是他們不能夠被人家說笨。尤其火星如果受剋，當事人更不能接受批評指教。

火星在獅子的人一樣也很適合從事各種舞台工作，包括政治的、娛樂的舞台，像歌蒂韓（Goldie Hawn）、雪兒（Cher）、蘇菲亞羅蘭（Sophia Loren）、賈利古伯（Gary Cooper）、貝蒂米勒（Bette Midler），非常多的表演者都是火星獅子，火星獅子最適合從事可以獨立完成的工作，他們很適合當明星。如果是女性火星在獅子的話，會比較男性化、大方、有活動力。火星獅子的女性喜歡有地位、有權勢的男人，她們不會喜歡像貓咪的男生，也無法忍受自己的男朋友在外面給人家做小老弟。常做小老弟的男人不見得地位低，這是一種人格特質。扮演小老弟絕對不會是牡羊、獅子這些星座的人會幹的事，很多願意做小老弟的人是處女、天秤，可是這些處女、天秤表面上做小老弟，並不代表骨子裡也真的是在做小老弟，這只是一種社會態度。

男人如果火星在獅子，他們的男性自尊會非常重要，他們需要別人肯定，要被別人看重，他們不喜歡被威脅，更不喜歡被人鄙視。這點跟火星牡羊不太一樣，火星牡羊對自己自信到根本不在乎人家看不看重他，他們可以我行我素，所以某種程度上來說，牡羊的處境會比獅子容易。你要人看重時其實就受制於人，而且受制於那個處境。

火星獅子的男性會比火星牡羊的男性忠實很多，基本上來講，獅子會希望伴侶忠實，他自己也會忠實，除非他們的伴侶先忽略他們。所以如果你跟獅子座的人交往時，基本上不能忽略他，如果你不忽略他的話，他們不會三心兩意。

木星獅子

木星獅子的人通常這輩子都會因為自我表達而受益。木星在獅子的人不怕表現自己，木星獅子的自我表現也常常給他帶來好運。譬如像普普藝術的開創者安迪沃荷（Andy Warhol），他的太陽跟木星都在獅子，其他人畫罐頭是無法像安迪沃荷紅成這個樣子的。

木星在獅子的人不管在感情上，或者在自我表達的過程都很順利，而且表達的東西越自我，對他們越有利。而且他們特別適合從事容易得到大眾名聲的工作，譬如像作家雨果（Victor Hugo）、費斯傑羅、西蒙波娃（Simone de Beauvoir）、華格納（Richard Wagner），都是木星獅子的代表。

木星跟獅子都具有膨脹、誇張的特質，因此木星獅子通常會比較誇大的表現自己，像法國國王路易十六、影星瓊克勞馥（Joan Crawford）、勞勃狄尼洛（Robert De Niro）都是木星獅子。他們都比較喜歡豪華的東西，喜歡奢華的生活。

木星獅子都不是低調過日子的人——他們也不適合低調，過這樣生活對他們並沒有不利。像義大利導演費里尼（Federico Fellini）也是木星獅子，他跟同期著名導演英格瑪柏格曼（Ernst Ingmar Bergman）以及安德烈塔可夫斯基（Andrei Tarkovsky）不同的地方在於，他在視覺感與整個情緒上面都是誇張的，展現的是一種華麗的、充滿想像力的、君臨天下的創造力。

木星獅子不適合冷淡。他們很容易受到大眾的注意，也容易得到尊貴的獎項，像作家李昂也是木星獅子，她就得過法國的藝術及文學勳章騎士勳位。

但木星獅子如果受剋的話，也很容易因為喜好奢華，搞到花光積蓄，他們也要小心投資跟股票市場，因為他們喜歡賭博，他們通常都會對於自己的運氣過分樂觀。此外，他們也會在情感上過度大膽，但這些問題都不會讓他們痛苦，只會讓他們煩惱。木星獅子是不會痛苦的，他們最多就是煩惱。如果相位好的話，木星獅子通常都會比較有機會過有錢的、奢華的、豪華的、受社會歡迎的生活。他們的領導欲也很強，如果木星受剋時，比較容易被認為自我中心，容易傲慢，過分強調自己的重要性。木星獅子有時在團體中會忘記自己其實並不是唯一的中心，但好在他們通常對人很熱心，這種熱心可以彌補木星獅子的自我中心問題。

土星獅子

土星獅子的人不會像我們剛剛講的金星獅子、木星獅子的人那麼勇於去展現獅子的特質，因此土星獅子的人看來會比較不像獅子。土星獅子基本上是一個不利的位置。通常在童年時期，土星獅子的人就會經驗到情感匱乏的問題，他們常覺得自己徒具創造力，也想表達，可是不曉得被什麼東西給綁住了。在所有落入獅子座的行星當中，土星獅子是唯一不在原野上馳騁的獅子，他們像在動物園牢籠裡的獅子，容易覺得自己容易陷入虎落平陽、有志難伸的委屈——並不是每個沒有舞台的人都會都會感到沮喪，很多人可能還會因為不必上台而感到很輕鬆、很自由。可是這不是土星獅子想要的，因為他們都有很強的表達與創造的需要，但表達與創造對他們來說，卻又不像木星獅子那麼容易。例如像畫畫、寫東西這些事情對木星獅子而言通常都很容易，但土星獅子則會感到困難。

此外，土星獅子也常常在情感上受阻，不太敢表達自我。木星獅子的人很敢跟別人講說我愛你，很敢表達熱情，但是土星獅子的人在表達情感的時候常常會覺得很困難。

像音樂家貝多芬就是土星獅子，人們在貝多芬死後找到三封寫給永恆戀人的情書，可是他從來都不敢，也從來沒跟那個戀人在一起過。土星獅子有時會將情感積壓得很深，他們要花很長的時間去學習掙脫束縛。土星獅子的人不是沒有能力，但他們的能力被自我給綁住了，所以他們要學習脫離自我的設限而非脫離自我。他們的自我限制常常是來自於童年，譬如說貝多芬童年時期就被管得很嚴。這些人通常成長於嚴酷的童年環境，或者成長於充滿批評的環境之中，所以他們都很難建立起流暢的表達自我的管道，土星獅子基本上也需要大眾的注意力跟尊敬，可是在獲得注意的過程中，他們不知道如何與大眾互動，他們常常會覺得自己有點死板。

土星獅子最大的問題是，雖然他們非常希望自己可以引人注意，可是別人注意他們的每個眼光又會讓他們感到不安。有些人根本不在乎別人的注意，例如大多數的寶瓶，別人沒注意到他沒關係，別人就算在注意他，他也不會在意，可是土星獅子的人卻對別人的目光很在意，他們渴望能得到別人的注目，但當別人注意他們的時候，他們又很不安，手足無措，覺得自己變得很笨拙。

天王星獅子

一九五五年到一九六二年期間，天王星進入獅子座，這個時代中許多跟獅子座相關的產業發生巨大的改變，很多新型態的藝術出現，娛樂業也有了新的風貌。六〇年代的初期，全世界都在積極的追求創作自由，當時有很多人都勇於嘗試勇於改變。

天王星獅子是搖滾樂開始興起的年代，比起電影明星，搖滾巨星才是真正最忠於表達自我的偶像。因為演員在演戲時是沒有自我的，他們或許今天演將軍，明天演乞丐，他們都不像搖滾巨星那樣能夠以真正的自我形象直接面對大眾。所以搖滾巨星常常是很多西方人尊敬的對象，因為他們代表著我行我素與自我表達。

天王星進入獅子座的時候，避孕技術也有了新的進展，美國在一九六〇年核准了第一批口服避孕藥上市，這段期間內，美國各州也逐步開放墮胎合法化，這意謂著人類在生育自主權方面有了巨大的突破，進而慢慢走向性解放，進入追求展現自我欲望的時期。

美國在天王星獅子時期終結了政治上的黑名單，美國政治黑名單開始於天王星巨蟹的年代，等到天王星進入獅子座之後，美國政治也變得開放起來，許多人開始要求創作自由，美國也因此進入創作的自由時期。

一般來說，星圖上有天王星獅子的人，通常會比較敢於自我表達。如果天王星獅子受剋，當事人就容易在自我表達的時候過分狂妄、為古怪而古怪。他們也可能明星意識太強，因為太看重自己而沒辦法跟別人合作。

海王星獅子

上一輪海王星進入獅子座是一九一四年到一九二八年，這個時期夾在第一次世界大戰跟第二次世界大戰之間，這是一個人類大量歌頌享樂主義的美好年代。

我們今天所謂的奢華，其實遠比不上一九一四到一九二八年期間，目前所有關於奢華生活的定義其實都是從那個時期來的。《Vogue》雜誌在這段期間跨出美國，推出了英國版與法國版，正式成為世界上最重要的時尚雜誌，可可香奈兒在此時大放異彩，最知名的經典香奈兒套裝與香奈兒五號香水，也在這個時期推出。

海王星與獅子座都跟藝術創作有關，海王星獅子的時代，世界各地的現代藝術創作都非常蓬勃，建築界中，有萊特（Frank Lloyd Wright）、科比意（Le Corbusier）、密斯凡德羅（Mies van der Rohe）等知名建築師的出現。文學界中，有海明威、費茲傑羅、喬哀思（James Joyce）等作家活躍於文壇，他們不但是名留文學史的重量級作家，當時也被視為明星，過著明星般的生活。同一時期，被球迷稱為「棒球之神」的貝比魯斯（George "Babe" Ruth），在一九二〇年被紅襪隊賣給洋基隊之後，成為美國永遠的傳奇英雄，許多他在大聯盟創下的紀錄，至今依然無人能破。

當時也是歌舞片的全盛時期，就跟歌舞片一樣，很多名流喜歡晚上去劇院跳舞作樂，歡樂的查爾斯登舞（Charleston）由現實生活紅到電影銀幕。整個一九一四年到一九二八年這十五年時間，人類進入一個極端享樂的，而且歌頌享樂的時代。要知道享樂主義有時會被社會價值觀壓得很低，可是在那個年代反而是被歌頌的，當時也出了非常多的巨星，社會的整體氛圍瀰漫著奢華、高貴、享樂的氣氛，有一點點浮華的生活方式，音樂、爵士、小說、劇院，在那個時候都很流行，戲劇也很流行，劇場大量的開張。

整個二〇年代也被稱為「咆哮的二〇」（Roaring Twenties），這是歷史上最多采多姿的時代，當時一戰結束，爵士樂開始興起，此時也是舞蹈劇院盛行的年代，人們走進舞場聽現場演奏、跳舞，成為了人們夜生活的一部分，爵士樂盛行於各地表演場所，從一九二二年第一個商業電台成立之後，隨著收音機的普及，爵士樂擁有了廣大的聽眾，也使得這個時期又被稱為「爵士年代」。

隨著戰後女性走出家庭開始工作，女性自信心提高，不但消費力提升，這時女性也開始更積極的參與各類社會經濟活動。

工業化浪潮與自由放任的經濟政策，爆炸性的新產品與新消費，包括了汽車、電話、電影、無線電與家用化工產品，讓經濟狀況十分活絡。

海王星獅子也是汽車開始進入大眾生活的時期，福特開始量產汽車，一九二七年時，福特汽車的銷量已達一千五百萬輛。汽車在戰前還屬於極端奢侈品，戰後則因量產而普及，成為富裕的象徵。

以前開汽車的人都是最有錢的，從很多早期的照片、影片中，可以看到富商巨賈站在汽車旁邊拍照的畫面，汽車以前等於是名牌、等於是鑽石、等於是名錶。而汽車工業成為重要產業之後，連帶拉抬了石油業與相關產業的發展，對經濟與社會產生重大的影響。

海王星既是夢想，又是幻滅。或許是因為人類在第一次世界大戰時過得太苦，宇宙給了十五年海王星獅子的時間讓大家鬆口氣，但可能也因為海王星獅子的時候大家太追求享樂，無視於不健全的經濟體制與社會問題，以及不斷膨脹的投機心理，當海王星離開獅子進入處女座之後，一九二九年爆發了急跌了一個月的華爾街股災，這是美國歷史上最嚴重的一次股災，美國與全球此後進入了經濟大蕭條時期。

海王星進入處女座以後，海王星獅子的浮華泡沫被戳破了，保守主義再度抬頭，為了重拾正常的秩序，社會風氣又回到歌頌嚴厲清簡的清教徒式價值觀。

海王星獅子這十五年有跟獅子座有關的事物都得到肯定。在人類的歷史中，享樂、奢華能夠成為集體意識主流的年代非常少見。海王星從一九二八年離開獅子座之後，一直要到等二〇七八年才會再走到獅子座。

時至今日，人類都沒有辦法像二〇年代時那麼全心追求享樂、肯定享樂的價值。現在如果有人想要打造奢華風，不管是服裝、精品、藝術，或是音樂、影像，都還是必須取法自二〇年代的美學且難以超越。

瑪麗蓮夢露（Marilyn Monroe）就是誕生於海王星獅子的明星，她一直被當成是美的象徵，她代表了人類對於追求享樂與奢華的永恆夢想。

冥王星獅子

冥王星在一九三七年到一九五六年進入獅子座，冥王星獅子象徵了自我的權力，當時全世界的很多政治、經濟問題，都跟冥王獅子有關。

這時期正值第二次世界大戰，許多人在冥王受剋的過程中，自我被踐踏與摧殘。獅子座跟創作及娛樂業有關，冥王星則代表企業、政治與大集團，冥王星在獅子的時期，休閒娛樂開始企業化經營。在以前，娛樂並不算是種產業，直到第二次世界大戰後，因為電視與廣告的出現，很多娛樂相關活動都成為大型產業。這個時期有許多藝人製造了龐大商機，例如「貓王」艾維斯普利斯萊（Elvis Presley）等人的走紅，娛樂業變成一個集體的、可操縱的商業行為。

冥王星在獅子座的時間長達十九年，我們可以將冥王星在獅子座依相位分為前後兩期。冥王星進獅子座，代表個人價值開始被強化，如果受剋，則會造成個人受到壓制。冥王星獅子前期的主軸在於集權對個人的侵害，管閒事、希望被尊重，以及想要領導他人的心態導致大規模集權的出現。冥王獅子發展到極致就容易有集權的問題，一九三七年到一九四二年時期的能量尤其負面，因為當時冥王星獅子跟天王星金牛成九十度剋相，所以特別容易出現戰爭與集權主義者。許多獨裁者在這個時候開始奪權與整合權力。這段時間著名的幾個獨裁者，包括希特勒、卡斯楚、毛澤東、史達林（Joseph Stalin），恐怕到目前為止，都沒有任何國家領導人的集權程度可以比得上這些人。

但是當冥王星在一九四二年走出剋相，尤其是一九四五年第二次世界大戰結束了以後，就進入了冥王星獅子的後期。

個人主義是從二次世界大戰之後才開始發展的，許多女性也是在一九四五年之後開始出來工作。這段期間也是戰後嬰兒潮時期，嬰兒的大量誕生補充了二次大戰中死亡的人口，這些新生命特別受到家庭與社會的重視，在嬰兒潮中出生的這一些人，都強烈的希望自己能在社會上留下個人印記，我們身邊可能會認識很多誕生於戰後嬰兒潮的人，現在都在當老闆。像我就會將身邊朋友區分為一九五六年之前或一九五六年之後出生這兩大類，一九五〇到一九五六年出生的人，都希望能在社會上完成一些轟轟烈烈的志業，他們這方面的願力比一九五六之後的強烈很多，這是個重要的因，現在有很多大老闆都是冥王獅子，做的都是大生意，要知道做大生意要承擔很大的壓力，這與個人愛不愛錢無關——今天如果有人給我十億叫我去做大生意我都不幹，我會覺得那麼辛苦幹嘛？可是我認識一九五六年前出生的很多人就是肯承擔，這一段期間也出現非常多具有強烈權力意識、對於自我權力與自我創造具有很強烈執著的人，這些特質利於在政治與大型企業中發展，他們也容易成為當中的一號人物。

如果冥王星獅子的本命星圖中，有不錯的冥王星相位時，當事人都可以憑藉努力去獲取舞台，像美國前總統柯林頓、布希與前總統陳水扁、馬英九都是冥王星獅子。以上這些人也都出生於戰後嬰兒潮時期。

從社會學的角度來看，戰後嬰兒潮之所以容易有所成就，原因在於生於戰後的人與比他們大十五歲的人口比例，比任何一個年代都低。當這一代人差不多二十五歲踏入社會的時候，在他們上位的人數其實比任何時代都要少，因為許多壯丁都在戰爭期間走了，社會中一下少了百分之十幾的競爭人口，這是一個很大的缺口與優勢。

像我們五年級生跟六年級生最吃虧，因為等到二十五歲左右出來工作的時候，好位置都已經被嬰兒潮的這一代給佔了。所以五、六年級的人特別會發現到，佔據好位置的都是民國三十幾年、四十幾年次的人，而且這些人一佔會佔三十年。可是到了七、八年級出生的這些人就又沒那麼吃虧了，因為相隔的年齡夠久，這時三、四年級的人應該都退休了。

Chapter / 6

處女座

處女座不管什麼都要包裝得很精緻，他們很重視包裝與細節。太陽處女的人無論男女，看起來永遠很整齊、乾淨，男生一定鬍子刮得乾乾淨淨，女生絕對不會畫個大濃妝或者不打扮就出門。不管是他們的長相外貌，或者人格特質，都一定經過包裝，他們在任何方面都不會跟別人素顏相見。

處女座對於精緻工藝很有一套。台灣兩大琉璃藝術的名人，琉璃工坊的楊惠姍、琉園的王俠軍，兩人都是太陽處女。處女座最大的美學特質在於，他們很有能力做工藝美術或實用美術，但是沒有能力做原創美術。原創美術是前無古人、後無來者的東西，而工藝美術則一定已經有了實際的成品，並經過某一個系統而傳承下來的技術。處女座本身並不長於破壞性美學，他們沒有辦法無中生有、化醜為美，他們長於精益求精，將原本已經很好的東西做得更加精緻，在不破壞原本邏輯中將成品做得更講究。

處女座的人看起來都會有一些輕微的害羞。所以處女座的人或許可以做很好的演員，但是他們不可能能夠做很好的綜藝節目主持人，因為他們放不開，他們沒辦法搞笑。可是演戲不同，演得含蓄才會細緻，經常在綜藝節目搞笑的諧星因為演得太誇張，反而只能演鬧劇。也因此，古今中外處女座出了很多大明星，處女座的大明星也都會是具有實力的好演員。

處女座的明星總是顯得很內斂，即使影帝級的張國榮、影后級的張曼玉、楊惠姍，他們都不會顯露明星的氣勢。他們在拍戲現場，可能會因為對細節的諸多要求而顯得難搞，但是他們很服從權威，只要導演能讓他們認可，他們就會很聽話，更重要的是他們很肯吃苦，很耐操。以前王家衛跟張國榮合作的時候，有一場戲，張國榮演了二三十次才完成。有的大牌這樣操會翻臉，不管導演多有名，但處女座不會。

其實處女座就像張曼玉化的妝，她的妝絕對不會像人馬座的劉嘉玲這麼自信、強烈，她的妝總是隱隱約約，仔細看卻宛如寶光流動，為了追求若有似無的完美，背後要付出的耐心跟功夫，是外人難以想像的。處女座的功夫就在這裡。

太陽處女

太陽處女的人，不論男女，他們的父親通常都會比較嚴謹、嚴格，很重視細節，雖然他們的父親未必是處女座，但他們都會覺得父親具有處女座嚴格的特質。

處女座常被人認為很勢利，摩羯座雖然功利，卻很少被人覺得勢利。處女座會挑朋友、挑工作、挑關係，他們對很多事物都很挑剔。如果從職場競爭的角度來看，同一個公司裡，處女座能夠掌握的人絕對沒辦法比摩羯座多。因為處女座有很多自我設限的地方，要他們跟門第不夠高、地位不夠高的人往來很難，但摩羯座為了達成目標的話，三教九流的人他們都能跟對方稱兄道弟。

摩羯最重視的是權力與地位，處女雖然也重視權力與地位，但他們重視的是在一個格局內的全面掌控。很多處女願意做摩羯的下屬，是因為摩羯座為了當老大，有辦法容忍一些混亂的局面，也可以容忍反對他們的人存在，因為他們要的是這些事情背後更大的權力。但處女沒有這個能耐。處女無法容忍任何當下的混亂，他們希望任何時間都能夠將任何細節控制得很好。

處女在乎的是「義」。但又不像人馬追求的「正義」那麼崇高，它比較像是一種實際的「義理」。處女重視跟組織、工作相關的事物，不管是在一間公司，或一段婚姻關係中，如果處女座認為這樣的同事關係或者伴侶關係是有利的，處女就會為你捍衛到底，這種義氣是很多星座做不到的。

舉其他星座相比，如果一個天蠍把你當朋友，他們有可能會公私不分；牡羊座如果不把你當敵人，他們就不會對你太兇——跟牡羊當朋友也沒用，因為他們天性好鬥，不會因為你是他朋友就不鬥；雙魚則很複雜，如果以同樣等級的私交來論，雙魚可能對你會比處女好，但如果是同事，雙魚同事絕對不可能在公事上面護衛別人。因為雙魚雖然很有同理心，但他們也不相信任何人一定是對的，他們對誰都不信任，包括他們自己。如果雙魚主管底下的員工出了紕漏，雙魚絕對不會站出來把責任給扛下來；如果你跟別的主管不和，你的雙魚下屬也未必會向著你。

處女座則相反。如果你跟他是同一個團隊的話，他們就絕對不會出賣你。處女會跟許多跟他們有利害關係的人形成很多小團體，而他們絕對不會為了任何理由去出賣小團體中的人。不過並不是因為他們對這些人有感情，而是因為處女座很注重團體中的結構義理。

處女座能夠掌握的一定不會是即興、原創的事物。如果以歷任美國總統來舉例，處女座的詹森（Lyndon Johnson）既不像尼克森那樣會出大紕漏，也不可能像柯林頓這樣鬧出桃色醜聞。但是大家對詹森並沒有什麼好評，大家只覺得他就是一個公僕罷了。

這樣講可能有點偏頗，但是在我認識的人當中，我沒有發現真的很有原創性或才華洋溢得令人驚嘆的處女座，我也從來沒有見過自認真的很聰明的處女座，可是他們永遠能夠勤能補拙。處女座的人永遠知道他們身邊有人比他們更有才華，但他們也永遠知道自己可以比別人更吃苦耐勞。

處女座可以做所有一件一件實際的事情，舉凡做一件精緻的琉璃、化一個完美的妝、幫先生整理一個一應俱全的旅行箱、做出一張完美的報表，或者幫病人補一顆完美的牙齒。他們對於追求完美有著無比的耐心。

從文壇的處女座作家來看，他們的文字多半特別細緻，甚至刁鑽。例如舒國治、周芬伶、朱天文、柯裕棻，對他們來說，文字不只是傳達思想的工具，文字也可以是一種工藝，處女座的作家會把文字當成一個工藝品反覆雕琢。處女座的詩人更是如此，例如楊牧、鄭愁予、余光中。當然人馬座、寶瓶座的詩人，往往能寫出令人驚嘆的作品，但如果將詩視為最精練的表達工具的話，其他星座是比不過處女座詩人的。

太陽處女的人都會具有工作狂的特質，他們能夠為了將一份工作做到完美，一口氣努力十幾個小時也不肯休息。他們常常有鑽牛角尖的毛病，尤其如果受剋的話情形更是嚴重，他們會用一些自以為聰明的方法，但其實在自找麻煩，也常會因為自找麻煩導致做出來的成績很糟，但即使他們鑽牛角尖、自找麻煩，也都是在吃苦耐勞，他們絕對不會逃避工作責任，絕對不會不付出努力。

處女座往往會是能在公司或組織中控制全局的人。很多雙魚座老闆或許很有創意、很有夢想，能夠想出很多世人想不出來的好點子，但是這些才華並不足以讓一個公司有辦法經營得下去，他們的公司之所以可以順利營運，往往都是因為底下有處女座的副手幫他們掌控一切瑣事。只要你願意配合他們，處女座會是滿好的工作夥伴。處女座不見得一定要爬到最高位置，但是他們需要能夠控制全局，不管是管理員工、處理薪資、處理行政跟人事，他們會認真的看每一張清單，執行每一個細節，雖然瑣碎繁雜，所有這些大老闆們既沒有耐力，也沒有抗壓力去執行的例行公事，正是處女座願意付出心力的地方。

不過處女座有他們勢利的一面，如果今天一個老闆不成功、不稱頭的話，處女座就不會繼續留在這間公司。處女座很忠誠，但是他們只對有搞頭、有能力的老闆忠誠，處女座能夠看穿一個老闆是真的有實力還是紙老虎。那些死忠跟著沒能力老闆直到公司垮台的人，不會是處女座。

處女座最大的缺點在於見樹不見林。處女座很實際，但是他們的實際，往往到後來反而變成了一種不實際。處女座很重視健康，但是他們常常健康狀況很差，因為健康並不僅只是一種身體狀態；處女座工作很認真，但他們工作也常出紕漏，因為並不是把事情做好就可以解決所有的問題；處女很容易訂下很多規矩，可是他們往往忽略了這些規矩都是他們自己訂的，別人未必能夠跟著規矩走。天底下變數很多，而處女座最不能忍受的就是變數。所以處女座往往沒辦法做非常大的事情，因為越大的事情變數越多，而處理變數不是處女座擅長的事情。

太陽處女的人對於婚姻也很認真，他們是會把婚姻當成工作來認真做的人。他們的婚姻通常一開始都狀況很好，可是結婚多年後卻常會出問題，這常會是太陽處女的女性會遇到的狀況。其實這是一件非常奇怪的事，因為單純就婚姻這件事來說，太陽處女的女性絕對是完美的太太。

太陽處女的女性非常會選丈夫，處女對於人事物都有一套標準，挑選伴侶時更是謹慎、嚴格，她們絕對不會一時被沖昏了頭，結了婚之後才發現對方不適合。她們如果要結婚，對方一定具有讓她們認可的條件，一定有值得她們為這段婚姻工作之處。如果她們的先生需要她們去照顧公婆，她們就願意照顧公婆，如果先生需要她們幫忙協助事業，她們也同樣願意對先生的事業付出。她們提供的照顧一定無微不至，而且非常關心先生的事業，不像許多太太對先生的工作一點都不感興趣。這些付出在婚姻一開始的時候都有助於婚姻更緊密的連結，可是時間久了，問題就來了。

太陽處女的女性如果婚姻出問題，都不會是為人妻子這件事上做得不好，因為她們通常是完美的太太，甚至即使先生外遇，其他星座的女性或許立刻就要離婚，但對於處女座而言，只要婚姻不到完全失敗的地步，光是先生外遇，並不會讓她們想要離婚。如果還是走到離婚的地步，一定是先生愛上了別人。

處女座完美太太唯一無法提供的是強烈的愛與激情。這也是她們最無法理解自己婚姻問題的地方。不管是照顧公婆或者打理生活，她們真的會在婚姻關係中做好所有該做的工作，但是這些並不等於愛。

這些實際生活上的幫助，對於同屬土象星座的摩羯座就很適合，許多嫁給摩羯座的處女婚姻都還算不錯，但如果處女嫁的是很衝動的星座，例如嫁給牡羊或人馬，如果對方遇到第三者強烈的情感上的吸引時，處女座這套就完全沒用了。

月亮處女

月亮處女並不見得一定指當事人的媽媽具有處女特質，而是說當事人跟母親的關係中具有處女特質。一個母親可能會有好幾個不同的小孩，我們常會發現，媽媽對其中一個小孩特別嚴格，卻對另一個小孩特別寵。

月亮處女的人無論男女，他們都有一點怕自己的媽媽。因為他們都會覺得自己的媽媽有點挑剔、嚴格，他們從小到大一直覺得媽媽能夠一眼就看到他們的缺點，而他們對於母親的批評很介意。

月亮落在處女比太陽落在處女對當事人的壓力更大，因為月亮掌管的是情緒，如果月亮落在處女，處女座過度實際與目標導向的特質，會讓當事人的情緒不容易發展，因此很多月亮處女的人會有自我批評的習慣，以及壓抑情緒的問題，他們往往為了掩飾內在的脆弱，因而難以表達真正的情感。也因為他們的情緒長期受到壓抑，所以很多月亮處女的人有胃的問題。

月亮處女的男性會比女性更為困難。因為對於男人來說，月亮也同時是妻子的投射，所以月亮處女的男性除了跟媽媽有隔閡之外，也常會跟妻子之間有相處上的困難，他們沒有辦法擁有溫暖的伴侶關係。

月亮處女跟太陽處女不同之處在於，太陽處女容易將處女座挑剔、完美主義的特質向外投射到工作領域，但月亮處女則會將處女座的能量擴散到整個家庭及日常生活當中，所以會造成他們在日常生活中過度緊張。

對月亮處女的人來說，母親代表了一種權威，他們跟母親之間的關係很微妙。他們並不會像月亮牡羊跟母親之間很火爆，他們跟母親的關係非常緊密，都很尊敬母親，他們都覺得自己的母親很能幹、很精明，可是跟母親之間有一種情緒障礙，但並不是隔閡。月亮處女的人絕對不會跟母親疏遠，相反的，他們反而一天到晚約媽媽出來吃飯，努力找時間去陪媽媽。但是他們跟母親靠近的時候，又會覺得母親像是一個公正精明的檢察官，又要提供許多令他們緊張的改進意見。

月亮處女內心的情緒是被壓抑的，他們沒辦法表達激情或熱情這類的情緒，他們在情感上有一點退縮。月亮處女的人都喜歡幫喜歡的人做事，這跟太陽處女不同。太陽處女服務的對象是工作，而月亮處女服務的對象是他們喜歡的人。只要他們喜歡你，他們就會為你做事，這是他們表達愛意的方式。金星處女也有這樣的特質。

如果他們喜歡你，他們會幫你放洗澡水、幫你做早餐、幫你收拾整理，他們都是透過服務來表達他們的情感。因為他們不擅長甜言蜜語。他們跟母親的關係也是如此。月亮處女的人一定會是家中對媽媽最孝順的小孩，他們總是很主動的去幫母親做很多事情，永遠花費很多心力透過實際的服務來孝順母親，可是其實有時候說幾句好聽話哄一下媽媽，往往能讓媽媽更開心。這是月亮處女最吃虧的地方。

水星處女

相對於其他落在處女座的行星，水星處女算是一個不錯的位置。尤其如果水星本身有好相位的話更是有利。但水星處女的人如果當作家，由於處女座內縮的特質，水星處女的人不可能像水星雙子的人下筆如行雲流水，他們一定會在寫作時需要下一番苦功，但這些苦功都能在他們的作品中呈現出效果。

很多知名作家的水星就在處女，例如美國的梅爾維爾（Herman Melville）、威廉福克納、楚門卡波提（Truman Capote），英國的D. H.勞倫斯（David Herbert Lawrence）。作家可以分為兩種，一種不改稿，一種是很愛改稿。水星處女屬於後者。念過英美文學史的人可能會知道，福克納以改稿出名，他曾經有一篇文章改稿改了四十七次的紀錄。

美國非常知名的食譜作家茱莉亞查爾德（Julia Child）的金星、水星都在處女。食譜需要很精確的測量與數字觀念，哪一道菜的材料需要多少水、多少鹽，這些都需要精確的計量。

水星代表文字、語言、思想，也代表聲音。如果水星處女表現在思想上，代表當事人會長於很精細的思想，長於思考細節。所以水星處女的人很能記憶數據，能夠注意到很多細節，而且重視事實。他們通常記憶力很好，而且對事實很敏感。

太陽獅子的人水星有可能會在巨蟹、獅子或處女。如果太陽跟水星都在獅子，當事人會比較大而化之；太陽獅子如果水星在巨蟹，他們就會比較情緒化。太陽獅子的人如果水星落在處女，如果姑且不論其他相位，太陽獅子水星處女的人會是三者中最努力的人。太陽獅子的人特別適合演藝圈，而很多在演藝圈屹立不搖的大明星，例如勞勃瑞福、勞勃狄尼諾等人，都是太陽獅子水星處女。此外，由於水星處女會比水星獅子更有背台詞的能力，所以對於演員來說更為有利。太陽獅子水星處女的人當老闆，也會比太陽水星都在獅子的人更能掌握公司的營運狀態與掌握細節。

水星處女的人常是很好的會計人才或秘書人才，不管他們是幫別人或是幫自己做秘書都很適合，因為他們能夠很細膩的去分析一個行為的細節，並且找出最好的可能性。

我認識一個太陽獅子水星處女的人，我在跟他工作的時候發現，雖然這個人平常個性有點大而化之的感覺，可是一談到實際的事情時，他就忽然耳聰目明了起來。我們可以這麼說，他的個性不精明，但是他的思考很精明。對於實際的事情，他們永遠當下就能想到在實際執行上怎麼樣做會最好。

金星處女

金星處女很能夠從事跟美有關的工作。他們最大的優勢就是他們很耐煩，可以將所有細節做得很完美。他們如果做珠寶、裁縫這類的工作往往能夠很成功。

金星處女的人很謹慎小心、注重細節的特質比較不利於原創性的藝術，但是很適合利用工藝的、注重細節的、實際的特質去表達美的感受。處女座如果要當藝術家的話，他們會比較適合雕刻這類的領域，而非繪畫。知名的雕刻家亨利摩爾（Henry Moore）的金星就在處女。金星處女的人喜歡在美的事物上面有實際的收穫。美國汽車大王亨利福特（Henry Ford）、建築師柯比意、琉璃工坊的負責人楊惠姍也都是金星處女。

金星處女經常會挑剔自己牙齒不夠整齊、皮膚不夠好……各式各樣的缺點。他們對感情有一點沒有自信，因為他們都有完美主義的傾向，很容易自己嫌棄自己，如果他們臉上長了一個雀斑，他們自己看自己都覺得討厭，他們永遠覺得自己不夠好。

金星處女喜歡跟比他們強的人在一起，不管是長相、能力、才智或者任何領域的長處不拘，但一定要有讓他們覺得佩服的長處。當他們喜歡一個人的時候，金星處女不分男女，他們一定會幫對方做很多實際的事情，他們喜歡用實際的方式對別人表達情感。相對的，如果想要讓金星處女的人認為你喜歡他，也必須要用實際的方式來表達才行。不管是送禮物，或者是幫他們做飯，一定得要做一些實際的事情。光是把喜歡掛在嘴上，對金星處女的人沒有用，金星處女的「喜歡」，一定必須要是可以被計量的。

金星處女重視的是質感與乾淨。他們喜歡精緻的東西，喜歡乾淨的場合，如果出門吃飯，他們不會喜歡食物好吃但髒兮兮的地方。他們寧可選擇食物沒那麼好吃，但是環境很乾淨、漂亮的餐廳。金星處女的人也會希望自己看起來比較整齊、體面、有秩序，所以金星處女的人都不會打扮得太古怪，他們討厭裝模作樣，也不喜歡不愛牌理出牌。

金星處女的男性在情感上都會有一點害羞，他們喜歡的對象都會帶有一點處女座的特質。金星處女的女性則喜歡將自己打扮得乾乾淨淨，她們大概不可能去燙黑人頭、染紅色的頭髮，或者穿顏色古怪的迷彩裝。她們比較會是喜歡穿俐落簡潔套裝的人。

金星處女的人往往在表達感情上很不直接，而且比較被動。他們也很容易暗戀，或者有隱藏的感情。如果金星處女跟別人發生婚外情的話，他們會是最不會被抓到的人。因為他們口風很緊，絕對不會洩漏祕密。

在我看過這麼多做第三者的人當中，太陽處女與金星處女可以說是外遇的首選。因為他們絕對不會為外遇對象惹麻煩，很多處女如果有外遇，往往外遇了很多年，只有最親近的朋友知道，丈夫或妻子都不會知道，既不會鬧出家庭糾紛，也不會雞飛狗跳，而且絕對不會跳出來爆料指責外遇對象欺騙。如果單純就外遇這件事來說，處女座外遇的美德十分良好。

金星處女的人如果要當第三者，他們甚至會把這件事當成一份工作來做，並且認真的做得很完美。他們不介意做小、佔有欲不強，而且都不會是愛吵愛鬧的人。原因在於處女不會感情用事，他們跟雙魚不同，他們不會一時被沖昏了頭而跟人在一起。處女座喜歡精品，能被處女座看得上的對象絕對都是符合他們標準的精品，即使分手，他們也捨不得把對方毀掉，更不會讓雙方同歸於盡。

很多星座會把外遇弄得很危險。例如根本搞不清楚狀況的雙魚，自以為是過度認真的獅子，口風不緊的人馬，做事不小心的牡羊……這些都是處女不會犯的錯。

火星處女

處女座都有工作狂的特質，在落入處女座的所有行星中，最愛工作的是火星處女。他們永遠計畫著要去完成一些事情，永遠可以將全部的精力放在工作上。他們對自我經營、自我管理特別有一套。火星是一個人最不理性的生物本能，當這種本能與衝動落在處女，代表它已經被計算過了。火星處女意謂著當事人已經算好他們的衝動應該要怎麼衝動會比較理想。

火星處女的人對時間分配很小心，時間管理都做得很好。但是也因為時間管理做得太好，他們一天到晚都不浪費時間，結果反而往往會造成工作過度的問題。所以火星處女的人到最後身體都不會太好。

火星處女的人等於是拿商業管理那一套來對付自己，他們總是工作過度，常常壓抑憤怒、壓抑疲倦，他們內在有很多的情緒，平常都不表達出來，這些東西累積在身體裡面，長期下來就會變成攻擊他們身體的壓力。他們的胃、消化系統很容易會出問題。

火星處女的人很有服務精神，例如史懷哲（Albert Schweitzer）、德蕾莎修女（Teresia de Calcutta）都是火星處女。當火星處女決定現身奉獻時，他們可以做得很好。我認識的人當中，最有同情心的都是雙魚，可是不要認為他們會來幫你搬家，幫你洗衣服——我認識的人當中，最懶的也是雙魚。雙魚很有同情心，他們會安慰你、擁抱你，可是別指望他們來為你做什麼事情。雙魚只能嘴上講講。處女則相反，處女不太會安慰，但他們會服務。所以處女很適合當護士，但他們不適合做心理醫師。

火星處女的人容易在性上面感到緊張，所以會有一點性壓抑的問題。因為火星本身跟性有關，而性行為再怎麼乾淨，都乾淨不到哪裡去，無論如何都不能符合處女座潔癖的要求，因此，火星處女的人在性行為過程中都會非常緊張、焦慮。

在火星可以發揮的領域中，火星處女比較喜歡的是醫療、健康管理、清潔、洗澡這類的事情，需要體液交換的性行為是他們最不能發揮的地方。

火星處女的人喜歡動，但不喜歡競爭性的運動，他們最喜歡的是瑜伽這一類乾乾淨淨的運動，更喜歡ｓｐａ或芳香療法這一類能夠讓自己越運動越乾淨的運動。

火星處女的男性會希望自己在工作上能夠很有效率、很能幹，他們不會是那種很粗獷、很陽剛的男性，而火星處女的女性也不會喜歡那種很大男人、很粗獷的男人，她們喜歡很細心、負責的男人，討厭火爆的男人。

木星處女

木星處女代表當事人可以從所有跟處女相關的事物中得到好運。如果木星處女可以在大公司中做到大總管或超級秘書的話，他們會很快樂。他們特別適合從事協助他人或人資管理，或者在一個很大的機構體系當中，從事醫藥服務、營養服務、人事服務、會計服務等跟服務有關的工作。他們擅長的不是上前線打仗，而是後勤支援。

很多木星處女的人都擅長於數值、事實、資料、會計、秩序、管理、法規的管理，他們在這些領域中也比較容易得到成功。木星處女最有興趣的是實際的事情，因此他們做事情需要有實際的成果。他們喜歡可以用數據評估的成功。木星處女的人都會很熱愛工作，他們也會根據自己工作是不是很有效率來評估自己的人生是否有價值，所以木星處女可以說是那種即使命非常好，他們也是愛工作而不愛玩的星座。我對身邊的木星處女做過一個簡單的調查：如果有人給你一千萬讓你玩一年，條件是這一千萬不可以使用於工作用途，而且這一年只可以玩，不可以工作；或者給你一千萬讓你去做花在工作領域，讓你的工作可以更上層樓。木星處女的人都會選後者。

土星處女

對於大部分的星座來說，土星都是難以擺脫的沈重壓力，但土星處女或許是基於使命感或其他因素，他們不但不想卸下肩上重擔，他們還想要肩負更大的責任。

土星處女的人對於符合社會常規、細節瑣碎的例行工作，以及一切人生當中實際要去處理的事務，雖然稱不上樂此不疲，但都會在有一點非做不可的狀態下完成。我們可以說，這些人做這些事情的目的都是為了要完成土星的價值，為了獲得土星定義下的社會地位、權勢，他們因此受制於社會訂下的努力、認真、刻苦、辛勞的價值。

土星處女的人往往在很年輕的時候就可以不計低薪、犧牲享受，在艱困的環境中努力工作。因為他們相信，只要願意這樣長時間的付出努力，他們就能從中得到他們想要的土星價值。土星處女的老闆通常都會對他們很滿意，因為土星處女是最願意付出、願意為工作做牛做馬的人。但土星處女也往往因為工作上的辛勞，因此常常會有太過緊張、消化不良等等各種問題。

土星處女的人從非常年輕的時候就努力一步一步往上爬，如果當事人的本命星圖不差，由於土星跟處女這兩者的能量可以互相幫助，土星處女的人通常有機會爬到很高的地位，但奇怪的是，即使他們已經爬到了很高的位子，依然不能放鬆，他們仍然每天都要辛苦工作。依然不會去享受人生。

我舉三個大家熟悉的土星處女公眾人物，大家就會立刻了解土星處女的特質：陳水扁、馬英九、郭台銘。

這三個人的地位都很高，不過大家換個角度想，當年馬英九拿到哈佛博士回台灣的時候，如果去外商公司上班，以他的條件，絕對可以過著縱情聲色的生活。只要他肯放鬆一點，他一樣可以擁有很高的社會地位，同時過著非常享受的生活。但是他回台灣之後，選擇的工作是薪水遠比外界想像要來得低，而且必須二十四小時待命的蔣經國秘書。這個工作的優點只在於接近權勢高層，也能夠提供未來擁有權勢的機會，可是絕對是個苦差事。

陳水扁的情況也類似。當年他從台大法律系畢業之後，據說是台灣接案量最大的律師，其中很多都是以摳門出名的企業的案子，這些都是很多律師根本不想碰的案件，但也因此為他建立了很好的關係。

郭台銘也是一樣。鴻海之所以能夠搶下一片江山，原因就在於他們的報價很低，競爭對手看到鴻海的報價都感到不可思議，因為這種報價簡直是殺頭的生意。鴻海以軍事化的管理出名，工作之辛苦可想而知。而大家如果看馬英九當總統時每天的行程，大概也不會想過這樣的生活。

或許很多人會因為這些人在社會上的地位而肯定土星處女的價值，但說實話，他們都為此付出了很大的代價，包括犧牲家庭生活、健康，以及親密關係。他們就像是在滾輪上跑個不停的白老鼠而不自覺，陷在反覆規律的工作中無法自拔。在他們為了工作付出這麼多的努力之後，卻往往會在工作上栽了大跟頭。馬英九為了國務機要費大傷元氣，而陳水扁更是身陷囹圄。

土星在處女其實是當事人必須學習的生命功課，這個功課的意義在於，當一個人太執著於工作上的規律與形式主義，執著於外界要求的行政細節，執著於各種工作的程序，固然可以得到土星的權勢，但也可能會嘗到土星的教訓。

天王星處女

天王星處女代表處女的規律運作因為天王星而帶來巨大的改變。天王星在一九六一年到一九六八年進入處女，天王星處女的人即使他們很渴望規律的生活，但是他們的人生註定了沒有規律可言。天王星處女的人是全世界第一代開始做在家接案的 SOHO 族的人。現在 SOHO 族已經成為了一種常見的工作型態，但這種退出職場自己接案的工作型態，是從天王星處女這一代人才開始大量出現。他們或許原本在一間還不錯的公司上班，職位與薪水也都還不錯，但是可能忽然有一天，他們對工作感到十分疲倦，開始質疑這份工作的意義。

不管是自覺或不自覺，天王星處女的人都沒有辦法在固定的、墨守成規的組織或社會中工作。天王星代表的是世代集體意識的力量，天王星處女這個世代特別會對處女代表的固定工作感到厭煩。在這個世代中，如果本命星圖中有很強的寶瓶、人馬、雙魚，這些人在天王星處女的影響下，會很有意識的隨著集體意識主動改變。他們發現自己受夠一成不變的工作，於是決定辭職去尋找自己的人生。

但天王星處女的人如果本命星圖中比較保守，比如摩羯很重的人，他們絕對不會想要主動脫離組織結構，但還是會不由自主的、不自覺的陷入不穩定生命情境中。

一九六一年到一九六八年正是全世界嬉皮風潮最盛行的年代，這個時期很多家庭的結構開始改變，很多人對工作的看法開始不同。受到傑克凱魯亞克（Jack Kerouac）的著作《在路上》（*On the Road*）的影響，許多名校畢業的人反對中產階級的價值觀，拒絕主流社會的生活方式而踏上旅程，過著流浪的生活。

這些戰後出生，被稱為「垮掉的一代」（Beat Generation）的文人、藝術家，包括了傑克凱魯亞克、詩人艾倫金斯堡（Irwin Allen Ginsberg）、小說家威廉柏洛茲（William Seward Burroughs）等人，他們本身並不是天王星在處女的人，但他們在一九六〇年代，天王星進入處女的年代表現了天王星處女的世代精神，也因此造成了社會集體意識的改變。

處女座跟各式各樣的運作有關，包括了工作的運作、身體的運作、心理的運作。天王星進入處女的一九六〇年代，很多嬉皮開始研究蔬食、磁場等等另類療法對於身心靈的影響，以及各種環保議題。從天王星處女的年代開始，人類對於身體健康開始有了許多不同於傳統的想法，各種關於另類療法的研究都始於這個年代。

處女座在個人領域跟個人的身體運作有關，但在社會領域則延伸到社會整體的運作，包括了政府的行政與政治結構，在這個時期，整個社會的集體意識都不再能滿足於傳統的工作、傳統的醫療觀念，因而希望期待巨大的改革。全世界在這個時代各地都產生了社會結構的巨大改變，包括了美國的民權運動、法國的學運，以及中國的文化大革命。

天王星代表了衝擊社會結構的新思想，新思想徹底瓦解了舊社會的秩序，社會政治因而被天王星解體。從這裡我們也可以看到，同樣天王星處女，在不同的國家會帶來不同的前進方向。儘管當時美國民權運動帶來很大的混亂，法國學生佔領巴士底廣場，中國的紅衛兵到處串連。如果只是就新聞來看，會覺得三者差異不大，都是處於社會動亂的情況，但是從結果來看，美國的民權運動對美國的影響是正面的，讓社會變得更健康；法國的學運對政治並沒有太多實質的影響，但是對文化有相當大的好處，法國經過了這次學運之後，法國的文化因此加入了非常多的多元議題，包括左派、存在主義，各種思想百花齊放；而文化大革命的影響幾乎只有傷痕，沒有正面的作用。

每一個社會對於天王星、海王星、冥王星的集體力量都會有所反應，但不同的社會，集體反應也各不相同。不健康的社會就跟不健康的身體一樣，都很怕巨大的變動，天王星處女就像當時集體意識覺得社會不健康，因此都服下了天王星這帖猛藥，原本體質比較好的社會，吃了藥之後經過一段不舒服的過程後，的確讓社會變得更為健康，但原本體質就已經很有問題的社會，吞了藥之後反而中了毒，健康狀態也變得更差了。

海王星處女

處女座要的是秩序、工藝、細節、良好的運作，當海王星落在處女，可能出現的狀況有兩種：第一種是海王星帶來對於理想化社會運作的嚮往，第二種可能是整個社會的運作因為海王星負面能量而混亂甚至癱瘓。

海王星上次進入處女座的年代是一九二八年到一九四三年，海王星才一進入處女座，美國就發生了史上最嚴重的大蕭條，這段時間美國有四分之一的人口失業。處女座最愛的是工作，但海王星最愛的是做夢而不是工作。當社會集體意識走到了做夢的世代，結果造成了史無前例的失業潮。

不過海王星的集體意識造成了社會運作的大混亂到了極致的時候，海王星理想主義的這一面也同時出現。美國從一九三五年羅斯福總統簽署了社會安全法案後，一直持續實施社會安全制度，我們可以說，社會安全制度就是一種非常處女座理想主義的制度。

處女座關心所有跟健康有關的事情，海王星處女代表人類尋找一種對於健康的救贖，這段期間有一個非常重要的發明與海王星處女有關：一九三九年人類找到了當時一種幾乎可以對抗所有細菌感染疾病的藥——盤尼西林。雖然盤尼西林並不是萬靈丹，但是它可以有效殺死大部分細菌，對當時的醫療有很大的幫助，更使得第二次世界大戰受傷感染的死亡率大為降低。

此外，海王星也跟藝術有關，海王星在處女在藝術領域中，Art Deco 裝飾藝術蓬勃發展。包括建築、燈、玻璃器皿與室內裝飾等等工藝美術，當時成為藝術的主流。其實不管是從前到現在，像室內設計、家具設計這類的工藝美術，向來沒有辦法在美術史上佔有一席之地。只有在海王星處女的年代，處女座對於精緻的要求，讓工藝美學在這段時間受到了藝術界的認可。

冥王星處女

一九五六年到一九七二年冥王星在處女。這段時間是全世界許多重大產業興起的年代。這個被稱為雅痞世代的時期，全世界出現了很多忙著賺大錢的工作狂。

處女座是一個跟服務有關的能量，而冥王星代表重大產業，冥王星在處女的這段時間，服務業在人類歷史上首度成為整體經濟的重要指標。以前當然不是沒有服務類型的工作，比如太太幫先生服務、僕人幫貴族服務，但是社會上並沒有一種被稱為服務業的行業。冥王星處女時，包括了餐飲服務業、金融服務業等各式各樣的服務業，就在這個時候成為了重要產業。

冥王星在處女的期間，一九六一到一九六八年剛好天王星也在處女，在這段時間中，有一些人會把另類醫療變成了一種產業。從事另類醫療、另類健康養生、有機食品產業當中，會有很多人是在一九五六到一九七二年出生的，他們會有強烈的渴望，想把跟處女座有關的社會能量變成政治與經濟能量。

冥王星的集體意識跟精神醫學有關，因此一九五六到一九七二年也是全世界精神醫學非常興盛的時代，這段時間內有許多治療精神疾病的相關藥物被發明。

冥王星也跟性有關，許多治療性病的藥物也在這個時候被發明了出來，更重要的是，處女座最重要的特質在於控制，希望一切都在掌控中，一切都不要有意外，於是這個年代出現了避孕藥。之前大部分人都還是依靠算經期之類不甚準確的方式來避孕，冥王星在處女的時候避孕藥的發明，讓女性得以擁有對於性行為後果的控制權。

此外，剛剛提到，海王星處女的時代，工藝成為藝術史上重要的美學運動，而冥王星處女的年代，工藝則成為了一個重要的產業。以前生活風格類的家具、服裝、工業設計都不是產業，而到了冥王星處女的時代，都成為了重要的產業。

Chapter/7

天秤座

在十二星座裡，天秤是非常不容易了解的星座，我花了很多年的時間才真正了解天秤的特質，我不容易被其他十一個星座騙，但我常常被天秤騙，因為天秤有太多的面貌了，這可能和他們的主管星是一個已經破碎的行星有關。

天秤一直找不到主管星，很多人認為有可能是位在火星和木星之間的小行星帶（asteroid belt）的小行星，小行星本來是個大星球，但已經破裂散成無數個小行星，原本的星體不見了，這也意謂著天秤本身是最沒有自我主張的，由於天秤的主管星已經四分五裂，因此天秤會有想要平衡、想要連結的強烈需求。

所以，星圖當中有很強天秤的人，可能有幾種狀態：第一種是不了解自己；第二種是隱約了解自己不對勁，但要保持一個他們自己覺得的某個面貌；第三種是內心深處知道自己跟他們顯現出來的狀態很不像，可是也不曉得真正的自己到底是什麼樣；第四種是內心深處有很深的恐慌，因為確實知道自己不像表面上表現出來的那種平衡、平靜、優雅跟好脾氣。無法表現自己混亂、分裂、不平衡的這一面，是天秤的一大問題。

我認為要分很多層去了解天秤，第一層的天秤很有禮貌，不太說實話或說真話，但大部分人覺得無所謂，畢竟愛說真話如人馬，其實常常出口傷人；還有，天秤不太有原則，譬如說一個朋友指鹿為馬、另一個朋友指馬為獅，他可能真的都會同意，考慮到他們是因為不想和別人起衝突，你就可以接受他這個樣子。

基本上，做天秤的朋友最好，因為絕大部分看到的會是第一層的天秤，這真的是天秤最好、最美妙的狀態。他們最大的優點在於愛好和平，不像牡羊侵略性那麼強，天秤對朋友很體貼、很有禮貌，而且願意為朋友付出，小事如幫買紅豆湯，大事如幫忙找房子、搬家，他們都會很熱心。很多星座並不會為朋友付出，而天秤是以對朋友效忠出名，常會被朋友牽著跑，如果你有個天秤小孩，會發現只要朋友一叫，他就跑出去了，因為他們最重視一對一的關係。

但有很多的天秤在你跟他認識久了、深入了之後，都會從剛開始的很喜歡，變得無法信任，你寧可信任一開始你很防備或是吵過無數次架的星座，像是你知道他所有缺點的牡羊。天秤座不太有原則，即使他是你的朋友，但他們可能隨時因為旁人說了什麼話就倒戈倒向別人。所以，最好不要找天秤當說客，到了現場你會發現不但沒了說客，還多了一個要解決的難題。

當你和天秤有第二層、第三層的交往，你會開始擔心他們說的話中只有三成是真話，而你自己不管多愛說真話，在他們面前也不能暢所欲言。曾經有個天秤的朋友跟我哭訴她男朋友對她多壞，我忍不住講了幾句為她好的真心話，特別叮囑除非她決定分手，否則這些話不可以告訴她男朋友，我不怕得罪他，而是考慮到我跟她畢竟是好朋友，除非他們兩個分手，否則總有見面的機會。但下次碰到他們時，從她男朋友臉很臭的表情，我就知道她還是說了。和天秤交往時不能期待太多真心，讓他們自欺欺人或蒙混過關都沒有關係，這很像吳宇森的港片裡常見的男性友誼，天秤交朋友是交義氣，而不是交心。

傳統占星學將金牛和天秤都歸給金星管轄，事實上，金星代表的感官和價值世界並不像天秤要的東西。勉強來說，金星和美有關，而金牛要的是感官之美，天秤要的是和諧，兩者都是和藝術相關的星座。

天秤的藝術是和自然世界裡和諧的邏輯、和諧的構成有關，像黃金比例就是一種和諧。所以，天秤在藝術最能表達的和諧是音樂，音樂就是音符的和諧構成，天秤很有音樂天分，出了很多音樂人。金牛擅長的音樂則往往跟肉體有關，像是聲樂。

天秤也出了很多美術家、雕刻家或與古典藝術相關的藝術家，但這裡面不會有野獸派或很原創的藝術家，即使是創新，他們也不會做出一個完完全全前衛，推翻古典黃金律或古典規則的東西。天秤很在乎和不和諧、美不美，所以他們永遠不會特立獨行、標新立異、語不驚人死不休，天秤不是從醜當中發現美的人，而是從大自然的美裡再去發現美。

太陽天秤

太陽天秤的人看起來平和優雅，但如果深究他們的內在，很多天秤的內在都隱藏很大的恐慌。天秤可能是十二星座當中最不平衡，也最沒有辦法平衡的人。像雙魚雖然喜歡說好聽話、喜歡演出某一種假象，但他們知道自己在做假。可是天秤做假的時候不覺得自己在做假，他們是連自己都要騙的人——或許不能說是騙自己，應該說他們就是沒有辦法接受自己的不平衡狀態。

當天秤內心有某些狀況不平衡時，他們通常會大量偽裝，不讓它顯現出來，一旦壓不住的時候，他們就會脫離所有你原來的了解，變成另一個人。在我認識的朋友當中，最後會讓我大吃一驚的一定是天秤，絕對不是天蠍、獅子或其他星座。

像是某個天秤老公對老婆非常好，在報社工作的老婆每晚十點半下班，他也毫不間斷的接送了七年，他很溫和、很溫柔、很有禮貌，常常買禮物送老婆，是朋友圈裡公認的好老公，但七年後卻成了一個打老婆的人，突然變成另一個樣子。

無論男女，太陽天秤一生都有這樣的狀況，他們是我那麼多年來看過最能維持表面夫妻關係的人，大部分人都看不出來他們的婚姻有問題，因為他們都沒有怨夫或怨婦樣。但我心裡面很清楚，他們的婚姻其實都不順利。不順利不是指遇不到合適對象、經常吵架或是離婚。我認識一個天秤女生，她在台灣工作，老公在上海工作，每年會見幾次面，這種狀況已經維持十幾年，朋友們都知道他們還是夫妻，見面時也都很友善。另一個天秤女生的老公花名遠播，甚至連女朋友也帶出來和朋友一起吃飯，可是這個天秤女生出來和大家碰面時還是表現得和她老公的感情很好。

這就是奇特之所在，這種沒有怨夫怨婦樣的不順利的婚姻可能維持幾十年，因為天秤最恨離婚。即使我看到很多天秤的婚姻不順利，但他們也沒放掉婚姻，因為婚姻還是他們要的，所以他不跟你吵架，要和一個不跟你吵架的人離婚是很困難的，很多天秤就這樣拖著，除非對方一定要離婚。

我認識幾個天秤女生五、六十歲都沒有離婚，但都已經獨守空閨二、三十年，大家都知道她們的先生在外面幹嘛，太陽天秤的女性有個特色，她們絕對不會在別人面前說先生的壞話，可是你可以感受到她有輕微的哀怨，但又似乎甘之如飴，就保持在那樣的狀態裡。

天秤是風象星座，在公事、理性上的事情是有利的，他們可以像水一樣的應付別人。所有的天秤，不管男女，最大的問題絕對是出在私生活上，因為天秤的這一套在親密關係不管用，他們不吵架、很有禮貌、會忍氣吞聲，如果碰到一個聖人級的配偶就會很欣賞天秤的這些優點，但人性通常不是這樣。

天秤的婚姻不順利的原因，在於他們很容易受強勢的人欺凌，又沒有自我主張。天秤常常會忍受很不平等的關係。不論男生或女生的太陽天秤都有可能碰到霸道的配偶，一般人都有能力去對抗，不管是比比看誰強誰霸道，或是大打出手，或是離婚，或是衝突之後妥協，但天秤的問題在於他們非常重視這個關係，所以一再退讓，不兇也不發脾氣。一個本來有一點自我中心或原本只是有點自私的配偶，往往會被一再退讓的天秤養成無以復加。

任何男女有外遇都不像天秤那麼可怕。牡羊外遇是為了滿足性欲，他們並不想離婚；處女的外遇不會被發現，而且自己會把事情解決。天秤一旦有外遇會不得了，一定是腳踏兩條船而且維持很久，因為兩個關係都是關係，他們真的無法取捨，既沒有能力把新的關係丟掉，也沒有能力把舊的關係丟掉，所以最容易和前夫、前妻，或前男友、前女友藕斷絲連的就是天秤。

有時外遇對象會逼天秤要離婚，但另一半只要躲著天秤，婚就離不成，像我認識一個太陽天秤的男生外遇時間長達七年，中間還換過兩任女朋友，但因為太太是雙魚，一直拖著沒有離婚，兩人一起出席公開場合時，看起來還是很平和的樣子。天秤逼離婚不會讓人心碎或逼得很難看，可能不時會提起一兩句離婚的事稍微刺探，但很快就轉移到其他話題，被逼的人不會覺得被逼得很嚴重，因為天秤不會兇也不會翻臉成仇。

由於天秤很在乎別人想要什麼東西，所以他們很看重合作關係。牡羊、巨蟹、天秤和摩羯都是啟動星座，他們都是喜歡打底、達成目標的人，太陽天秤和太陽牡羊一樣，心裡都有很多目標想要達成，但最大的不同是牡羊一定要做領頭羊，他會設定一個目標，希望後面有一群人跟隨他去做，他不准人家反對他，他要大家一直跟著他往前走。而天秤如果心裡有什麼目標，他從一開始就會想好有哪些人可以和他一起達成，他絕對不會出來做領頭羊，而是合縱連橫把大家拉在一起，說服別人這是大家要一起完成的目標——其實那也是他自己要的目標。天秤永遠不會把他要的東西掛在嘴上，他會強調這是大家要的、對大家都有利，不同於牡羊永遠會講得很清楚：「這是我要的。」

天秤花很多時間在與別人合作及連結，但不會因此改變內心的目標，過程裡如果有人反對或阻止他們，太陽天秤絕對不會用正面的方式對抗，不會發脾氣，一定會用我們稱之為外交官式，很客氣、很迂迴、很有技巧的，難聽一點的說法是很投機、很偽善的方式去應對。

牡羊像龜兔賽跑中的兔子，達成目標的方式很直接，天秤則比較像烏龜，運氣不好的牡羊得罪太多人時，就不如烏龜一路上緩慢前進但沒有得罪人。牡羊可以自己做老闆，他們是領頭羊，上山下海把公司經營得很大或破產都是他的事，牡羊在大機構裡存活的時間一定不長，前幾年可能沒問題，但遲早會把身邊的人都得罪光。

天秤很難自己創業，除非碰到其他人一起創業，或者有個厲害的合夥人，否則天秤個人不能做老闆。不過在中大規模的機構裡，天秤通常會慢慢往上爬，最後有機會爬到很高的位置，因為如果要找一個很了解公司又跟大家關係都不錯的人，都會考慮天秤。

天秤對於跟別人合作很有自信，他們在一間公司裡可以走得很長，在長長的過程中，你只會看到大家拿天秤莫可奈何，但看不到大家眾口一聲拿他當敵人。

我有一個朋友的同事就是個天秤，我朋友常跟我抱怨說他們一起做事情，跟他講什麼不能做，他都跟你說好好好，可是他一定會去做。所以有的人碰到天秤會很氣，他跟你的保證沒有用，你兇他也沒有用，他要做的事情就是鐵了心，偏偏他又用很柔和的方式跟你相處。講得難聽一點，就是他們很會扮豬吃老虎。

天秤本身雖然是陽性能量，但最接近中性，它是最溫和的陽性能量。無論男性或女性，如果他們的太陽在天秤，都會有一種中性的特質。尤其男性的天秤，他的溫和會讓你覺得他不是那麼像男生，但你不會覺得他像巨蟹、雙魚的那種陰柔，總之他就是不像一個傳統定義的大男人。

太陽在天秤的人，如果沒有火星、冥王星等剋相，他和他父親之間的關係絕對是比較平和的，他不會碰到一個打他，或是很兇、很嚴厲、讓他覺得很恐怖的父親。他所學到的生命中的陽性能量一定不是火爆的、大男人式的。

由於太陽天秤從父親那裡得到的陽性能量比較中性，如果在傳統的男性社會或很強調男性的環境裡，太陽天秤的男性其實是有一點困難的，因為他們不喜歡所有粗魯的、火爆的、強悍的、骯髒的、危險的事情。太陽天秤的男性都知道自己不夠陽剛、不夠大男人，對於男性身分的傳統定義，他會有一種脆弱感，因此，我們經常看到許多太陽天秤男性娶的都是強勢的大女人，如果星圖配置適合，部分太陽天秤會因此成為同志，他們自己不夠大男人，所以轉而從別人身上尋找大男人。

在一般人心目中，太陽天秤的人不管男女長相都不難看，都讓人有種很平衡、很端正的感覺，像是天蠍的性感、金牛的強烈肉感、雙魚的魅惑感，甚至是寶瓶的古怪，太陽天秤都不會有。他們的端莊是古典主義的，不會突兀但也不奪目，五官不見得長得很漂亮，就算是小鼻子、小眼睛，太陽天秤整個人配起來就是會讓人覺得乾淨端正，他們的長相和整個人的感覺都不會讓人覺得很有壓力。

天秤不會出艷娃型的女生，天秤男生也絕對不會出現肌肉男，他們的形象就是人間的外交官，乾淨、客氣、禮貌，而且他們都有本領到五、六十歲還是看起來乾乾淨淨、整齊、漂亮，天秤絕對不會讓自己變很胖或變很老。像是法國演員凱瑟琳丹妮芙（Catherine Deneuve）、美國作家費茲傑羅、英國歌手約翰藍儂（John Lennon）、導演李安，都是太陽天秤。

天秤可能是十二星座裡最遵守傳統禮貌，最符合古典標準的天生紳士和淑女，像是和別人一起搭計程車，天秤男生都會是幫女生開車門的那種人。天秤的古典美學和禮儀，是大部分人都已經拋棄或不會遵守的方式，你不可能看到他們講髒話，或是很粗魯的狀況，出門也不會衣衫不整、頭髮凌亂，所以你也絕對不會看到一個天秤女生去打舌環，或是天秤男生穿軍裝，他們整個打扮、氣質、談吐，就是紳士淑女。

在十二星座裡，天秤最優雅、纖細、膽小，最要和平，最不能和別人對立，所以你其實不太容易看到天秤是強悍的，除非他裝上一個強悍的面具，即使如此，絕大部分的天秤在跟人一對一的時候，一定會拿掉強悍的面具，私下在任何人面前絕對不會兇。

像是有很多人覺得前總統陳水扁好像很兇、很鴨霸，但和他有過私下接觸的人都說他客氣得不得了。另外，我有一個天秤朋友是有名的作家，在網路寫東西時兇到無以復加，但我從來沒有在生活中看他兇過，他在待人處事接物上都沒有能力兇，只有寫東西很兇，這意謂著這是他長大以後學來的，要用很兇的方式去自我表達才能站穩一個立場。

太陽天秤很希望配合別人，他們有一種天生的敏感，知道別人要什麼，問題在於別人要什麼不會永遠都一樣，導致太陽天秤很容易猶豫不決、見風轉舵，也很容易變來變去。他一直在衡量大家到底要什麼，因為他們想要面面俱到，當然這是不可能做到的。因此在這個過程裡，他在姑面前就順姑意，在嫂面前就順嫂意，所以很多跟天秤打過交道的人會說天秤很投機，就是這個原因。這也是為什麼很多人說太陽天秤很適合做外交官——其實所有外交官都應該跟天秤學習，天秤不想得罪人，所以他們本質上是不說真話的，因為真話通常很容易得罪人，可是他們也不是說謊話，他們於把話說得模稜兩可，比較含蓄婉轉，比較讓人容易接受。天秤講的既不是真話，也不完全是假話，他們講的是好聽話。

月亮天秤

月亮在天秤的人的絕對不會有個很兇的、很粗魯的、很野蠻的媽媽，他的媽媽一定是淑女型，很和善、很有教養、輕聲細語，不會大聲講話。因此，月亮在天秤在情緒上對別人特別有一種體貼之情，他們喜歡和脾氣好、有藝術修養、優雅的女性有親密的關係。

對月亮在天秤的男性而言，他會有一個這樣的媽媽，也可能有這樣的妻子，女性的月亮如果在天秤，從小就受她母親的影響，很可能會模仿她的媽媽，想要成為溫柔典雅的女性。

月亮天秤比太陽天秤麻煩，他們很害怕對立、爭論、衝突，如果他們碰到很強勢的伴侶會很慘，因為他們很會妥協，在家庭裡是非常退讓的，特別會忍氣吞聲，情緒上特別不能有糾紛。

如果沒有火星、天王星、冥王星的剋相，月亮天秤小時候的家庭生活比較平靜、安全、文明及和諧，所以他們也期待長大後擁有平靜的家庭生活，這時候他選擇的伴侶就很重要，因為伴侶會影響他月亮的期望能不能達成。月亮在天秤的人再不快樂，家庭生活都會保持相敬如賓的狀況。

譬如我認識一個月亮在天秤的男性，他和他太太在一起二十年後分手，這二十年當中他都沒有批評過他太太或和他太太吵架，但離開他太太以後，他說他這二十年都在忍耐，換言之，月亮在天秤的人可以忍受非常久的時間。

天秤就好像拿著平衡桿在走平衡木的人，他們看起來是全世界最能把路走得很直的人，但其實他們都是在最不平衡的狀態。不管太陽天秤或月亮天秤，他們的夫婦關係看起來都是相敬如賓，最美好、最和諧，都是朋友眼裡的模範夫妻，看不出來他們有問題，但細究會發現他們對生命有一種奇怪的無奈。他們之所以會花最大的心力去保持和諧，原因在於他們骨子裡根本不相信和諧，他們對和諧太沒有信心，所以他們不敢吵架、不敢翻臉，因為任何小吵架都會提醒他們已經破裂成小行星的主管星，讓他們覺得小翻臉之後一定會兵敗如山倒。

月亮天秤不像太陽天秤有一種廣泛的、社交的親和力，可以跟一般人社交，月亮天秤對熟人很親切、很有禮貌，只跟熟人社交，通常他們也受熟人的喜歡，熟人會覺得和他們在一起很平靜，他們也很考慮別人的狀況。但月亮天秤未必能像太陽天秤把社交能力用來發展事業。

月亮天秤也不喜歡跟別人爭論，尤其不喜歡跟別人在情緒上有爭論，但他們可以跟別人有智性的爭論，因為月亮天秤謹守的是情緒的範疇，並不是意志。月亮天秤可以跟別人意見不合，但這個意見不合不能變成發脾氣、動氣，或是兩個人情緒上的不愉快。太陽天秤則連跟別人有智性的爭論都不要，由於太陽的主體意志，他們傾向於不要跟別人有意見不合。

天秤掌管的是外交的和平，但世界上最不和平的就是外交的和平，外交的和平是我知道我和你永遠不會和平，因此我們一定要想各種方法和平相處。天秤骨子裡知道人和人之間不會和平，所以不能翻臉。

月亮天秤的人愛好和平，很懂得如何和別人協調，促成尼克森和毛澤東見面的季辛吉（Henry Alfred Kissinger）就是月亮天秤。

水星天秤

水星在天秤是一個很有音樂天分的位置，因為水星和音樂有關，天秤則是格律，小約翰史特勞斯（Johann Baptist Strauss）就是水星天秤，他的音樂是華爾滋，不是無調性音樂，也不是前衛音樂。歌劇創作家威爾第（Giuseppe Verdi）也是水星天秤，另外有幾個不錯的爵士樂手像約翰柯川（John Coltrane）、塞隆尼斯孟克（Thelonious Sphere Monk）都是水星天秤，雖然爵士樂很即興但需要很好的樂理基礎，大部分好的爵士樂手都有很好的古典音樂基礎。

水星在天秤是一個很好的位置，比太陽或月亮在天秤好很多，因為它不牽涉意志或情緒，水星掌管心智，它在以理念為主的風象星座天秤沒有太大缺點，而且強化了協調、溝通、外交、相敬如賓的態度。

水星天秤很能面面俱到的去考慮事情，不同於太陽在天秤想要面面俱到的去討好別人，水星在天秤有一種比較溫和的、心智的客觀，因此水星天秤很適合外交，廣義來說，商業也需要外交，所以公關、外交的工作都很適合水星天秤，他們講話很有技巧，面面俱到不會得罪人。而在心智面，水星天秤的表達很精緻，像是推理作家阿嘉莎克莉絲蒂（Agatha Christie）的水星就在天秤，費茲傑羅則是太陽和水星都在天秤。

如果一個人的太陽在比較強勢的天蠍，水星在天秤對他就是一個幫助，因為他有天蠍的意志，可是跟別人溝通的時候不會那麼強勢，假如他的太陽和水星都很強勢，就很容易得罪人。同樣的，如果一個人的太陽和水星都在處女，他就很容易會很死板，水星在天秤就會比較好。

水星在天秤唯一的缺點是他們要花比較長的時間做決定，他們有猶豫不決的傾向，因為他們要衡量事情，不能做那種必須立即做判斷、做反應的工作，所以他們可能不適合做記者，而是適合做調查員，因為記者通常都會驟下結論，而調查員則要花比較長的時間才有定論。

水星天秤的人不喜歡不客觀，他們希望發表意見時不要很有主見，對事情的看法和水星牡羊不同。水星天秤不喜歡攻擊人家、跟人家吵架、語不驚人死不休，如果一個水星天秤的人去做立法委員，他永遠不會好好質詢別人，因為他不要得罪人，水星天秤並不適合和別人去做對抗；相反的，在任何需要外交和公關的行業，你找一個水星牡羊去做，結果就是把所有人都得罪光。

水星在天秤的人很喜歡和別人溝通，去知道別人的意見，所以很適合做生意。做生意的人最怕自己要賺錢但不知道別人要什麼，水星天秤是少數有能力了解不同人想法的位置，尤其可以了解反對他們的人的想法，他們很能客觀的想「買與賣」、「自己與別人」的不同立場。

金星天秤

金星天秤的人對於美的感受力很強，很適合從事藝術活動，他們特別重視跟配偶之間的情感關係，也特別重視感官的美，所以他們對於很好的藝術、音樂、劇場、文學都有興趣，而他們喜歡的東西都比較優雅、平衡、中庸，絕對不是驚世駭俗的。

切記追求金星天秤不能帶他們去路邊攤或髒兮兮的地方，羅曼蒂克的陳設、漂亮的餐廳，燭光、玫瑰或其他好看的東西對金星天秤是有用的。跟金星天秤的人談戀愛絕對不能出現嚇到他們的品味，譬如說不能送他們一個電動陽具當生日禮物，金星天秤很怕粗俗的東西，雖然有些人認為他們的好品味有點保守，可是他們就是不能夠接受壞品味。

金星在天秤的男生喜歡漂亮的女生，像畢卡索、D. H. 勞倫斯，但那種漂亮不是性感的肉彈或看起來很前衛、很誇張，而是有一點保守、有一點優雅。舉例來說，他們喜歡的衣服可能是亞曼尼（Armani），但絕對不是高第耶（Jean Paul Gaultier）。

凱特琳丹妮芙和葛麗絲凱莉（Grace Patricia Kelly）都是金星天秤，她們都很美麗、很優雅，但不會讓人覺得性感。金星管情感，金星天秤有個特質，他們可能因為優雅而喪失了情感的本能，不那麼優雅的情感無法被表達出來。而且金星天秤的情感關係好像沒有熱度，無法維持長久，因此他們可能會不斷改變愛的對象、美的對象。所以金星天秤適合遠觀，他們是一種很美、很羅曼蒂克的藝術品，但缺乏生命力。

火星天秤

火星天秤的人不喜歡做粗魯的事，所以不管男女都不喜歡運動，他們少數會喜歡的運動就是要乾乾淨淨，不能弄得大汗淋漓、全身泥巴。火星天秤的男生絕對不喜歡打橄欖球，最多打打高爾夫還可以。

火星天秤有個特色，在十二個星座的火星中，他們性的欲求是比較低的，這點在男生尤其明顯。火星天秤的男生絕對不會猴急，他們喜歡溫柔的親密關係，不喜歡粗魯或隨「性」所至，而且他們一定要乾乾淨淨、漂漂亮亮的床，不喜歡車廂後座、地板、野地那些讓他們覺得粗野的地方。

由於火星天秤的男生會表現得比較細膩、客氣、彬彬有禮，所以在現代社會可能會被當成有點同志傾向，實際上並不見得。他們喜歡表現得很有教養，對女人很溫柔，也不喜歡在做愛的時候講髒話或講粗話，如果你在性上面表現得太積極的話，會把火星天秤的男生嚇跑。

火星天秤的女生不受牡羊那種大男人所吸引，她們喜歡文質彬彬、紳士型的男生，她們喜歡注重社交儀態、斯文、好品味、乾乾淨淨的男生，但不能軟弱、依賴或情緒化。

不管男女，火星天秤都很在乎自己看起來是否整齊乾淨、有條有理，在日常生活裡很注重社交儀態，希望自己看起來很得體、很儒雅、有品味、有禮貌。他們害怕有侵略性的行為，在跟別人相處時，不擅長處理對立、爭論或肉體的競爭，如果別人攻擊他們，火星天秤的人會焦慮、不知如何是好，因而表現得更有禮貌、更溫和，他們內心不見得沒有憤怒，只是他們不想用憤怒去表達。

火星是一個人去表達憤怒、憎恨或活力的管道，可是火星落在一個最要和平的位置，並不意謂著這個人不會憤怒或憎恨，而是他會壓抑下來，用溫和、昇華，或是可以隱藏憤怒憎恨的方式去表現。奇怪的是，明明他們平常是最溫和的人，但陷入國與國、社會衝突，或是很大的敵對、糾紛的人，常常是火星天秤。

這是占星學上很有趣的事，占星的能量都在講投射，看起來很火爆的人，例如火星牡羊可能光是每天說粗話或罵人就已經把衝突的能量耗光了。相反的，一個人如果累積了很多能量沒有發作，他內在的憤怒、不滿及和別人的衝突，會變成吸引外界和他敵對的能量，他自己也可能會引來敵對的狀態，以社會、法律、正義的名義，把私人的不滿、憤怒，從小到大累積的情緒爆發出去，所以火星天秤反而比火星牡羊更常陷入很大的敵對裡。

譬如說曾任美國總統的林肯（Abraham Lincoln），從他的傳記裡可以得知他是很溫和的人，但在他任內發生了南北戰爭。還有曾任英國首相的邱吉爾（Churchill），他是出名的怕老婆的人，跟幕僚的相處也很溫和，但在二次世界大戰時，他也是堅持要和德國開戰的人。因為邱吉爾覺得德國不正義，就像林肯覺得南方蓄奴不正義，因此讓他們都有足夠的勇氣要跟另一方對抗，這不是他們私人的憤怒，而是社會正義的執行者。火星天秤的人不會很情緒化，適合從事法官、外交等，以正義為理念、為原則而幫別人決定社會正義的事，可是不太需要表達私人的情緒觀感。

木星天秤

木星天秤的人很容易遇到很多在工作上、事業上對他有幫助的人，人際關係對他是有利的，或者說他們會遇到對他們有利的人際關係，尤其當他們的相位很好的時候，他們一生一定會有很多事業、社會關係的幫助者。

一九五七年到一九五八年間出生的人當中，很多人都是木星天秤，譬如蔡明亮、陳文茜，木星天秤的人天生懂得社交，而且他們所懂得的社交並不像太陽天秤要客客氣氣或不敢反對人家，太陽牡羊的陳文茜與太陽天蠍的蔡明亮都不算是很客氣的人，可是他們都懂得社交。長於社交手腕的人不見得要低聲下氣或客客氣氣，他們知道在社會上跟人相處的方式，而這種方式可能軟硬兼施，他們不用像太陽天秤，可是他們得到社交的好處會比太陽天秤、月亮天秤的人更多。

木星天秤的人在社會及社交關係上一直很幸運，有很好的聯盟或合作的關係，受過比較高的教育或有比較大社會影響力的人，對他們會有較多的幫助，他們本身也很適合處理協調、行政、公關等工作。

天秤本身有很好的、均衡的美感能力，所以很多木星天秤的人在音樂和藝術有天分，但他們的美學是典雅的、格律的，不是前衛、混亂、野蠻的。他們對黃金比例有天分，善於處理繪畫和音樂的黃金比例。他們善於社交，也代表他們善於處理人際關係的黃金比例，他們知道維持哪種程度的親疏遠近最為恰當。

木星天秤的人都喜歡比較傳統的美，喜歡的音樂也是古典音樂。常有人說如果想聽平和的音樂，就要聽巴哈，巴哈就是木星在天秤；也有一派說法建議適合給小孩聽，有助於左右腦均衡的音樂就是莫札特，他也是木星在天秤。畫家如塞尚（Paul Cézanne）是木星天秤，木星在天秤的雕刻家亨利摩爾則是以均衡出名。

木星通常代表你的社會的幸運能量所適合的領域，木星天秤的人則展現在音樂、美術和社交上，他們一生當中一直有機會碰到重要的合作對象，木星天秤不見得能讓他們變成有力人士，但他們的人緣可以為他們帶來很大幫助，一定會出現重要的貴人或事業上的合夥人，獲得大大小小的機會。

木星天秤的人不一定人脈很廣，也不需要認識很多人，他們只要在對的時間地點認識對的人就好。因為天秤是一對一的關係，一對一就代表他們之間一定有連結，所以他只需要一個階段出現一個重要的人，可能是重要的事業，也可能有一點情感連結或類似婚姻狀態，但也可以單純就是貴人。即使木星受剋還是會有重要關係，只不過重要關係可能會帶來困擾。

土星天秤

土星天秤和木星天秤相反，他們在關係上特別不幸運。土星天秤的人這一生一定會在重要的社交關係上遇到一些讓他們很挫折的關係，有些人會有社交障礙。因為土星是業報，土星天秤的人在工作上、社會關係上，有時候會遇到一些宿命的討債鬼。

和木星一樣，土星也跟社會有關，但土星同時又是宿命星，所以土星天秤遇到的倒楣事都要認了，因為土星天秤碰到的人一定是前世討債的，土星帶來的影響背後一定有個因果論，絕對不是那麼簡單的事。

對土星在天秤的人而言，他們這一生越是重要的一對一關係，越會給他們帶來麻煩，因為他們命中就是欠那些跟他們有一對一關係的人，他們就是很容易跟那些不對的人連結在一起，這裡面有業報的因素，因為土星的關係。跟他們連結越深的人越會令他們失望、沮喪，越讓他們無法發展，所以他們必須靠自己，很難靠別人去完成他們想做的事情。

土星天秤常會碰到重要的、不可阻擋的人際關係，他們也常為重要的一對一的人際關係付出代價。這些問題可能來自婚姻、社會或工作，也可能來自事業，所以土星在天秤的人如果土星有剋相，要特別小心土星剋相所在的宮位，他們常常會在這個宮位代表的領域出問題。

溫莎公爵就是土星在天秤，他的婚姻被歌頌成有名的情史，但看過他的傳記後，絕對不會覺得是美麗的情史，而是宿命的悲劇。溫莎公爵為他的婚姻付出很大的代價，但他結婚後過著很悲慘的生活，妻子不僅紅杏出牆，對他也不好。土星天秤的人不太容易從親密關係得到快樂，他們是在親密關係比較有障礙的人。

土星在天秤的人也有藝術天分，但不像木星天秤的藝術天分在活著的時候就會得到肯定。像是羅特列克（Henri de Toulouse-Lautrec），他在世時畫都沒賣掉，去世後，他的家人本來想把所有畫捐給巴黎市政府，還被審核委員會拒絕，最後是他的母親在家鄉找了一個房子保存他的畫。土星在天秤也意謂著人生中有一些不能平衡的地方，如果剋相的話很容易有身體上的問題如殘障或疾病，或是家族問題，像羅特列克是瘸子，他身體狀況不佳的原因在於他的父母是近親通婚。

天王星天秤

天王星在天秤是一九六八年到一九七四年，這是嬉皮盛行的年代。天王星會違反所有天秤想要的東西，譬如和諧的、一對一的婚姻制度，天秤所代表的婚姻制度面臨很大的挑戰，這段期間相當流行換妻，李安拍的電影《冰風暴》就是在講這些事。而美國在一九七三年墮胎陸續合法化之後，女性不用擔心懷孕，這也使得隨著民權運動而起的性解放，得以由理論走向實現，也讓性解放變得更容易，進入性解放、開放伴侶的年代之後，一對一關係不穩定，常會改變伴侶，這時也開始有人提倡分偶。

這個年代也是人類第一代大量出現單身人口、無子女人口的期間。儘管現在這些事情都不再稀奇，但當時這些都是天王星代表的集體意識的新趨勢、新意識。此外，這段期間也是同性戀平權運動發展的重要時期。人類歷史上不是沒有過同性戀，但以前它不被當做社會趨勢或社會意識討論的重點。

天王星落入星座時會有集體意識的力量，並影響當時社會上的人，可是在影響的同時也會有抗拒，因為天王星一定會造成社會原有制度的混亂，讓許多人覺得沮喪或創傷。當時影響社會意識的潮流帶動人，本身並不是天王星在天秤的人，可是當時出生的天王星在天秤的人，等到他們長大之後，就會自然而然的實踐天王星在天秤的生活方式，那時候已經不是外在的潮流，而是他們內在自發的行為。一九六八年到一九七四年這段期間，離婚率首度上升，但天王星帶來的新觀念當時一定只被社會上少數人接受，而不是大眾議題，因此真正的高離婚率出現在大約二十幾年後，也就是一九六八年到一九七四年出生這群人成年以後，離婚、分偶或同志活動，才真的端上社會檯面。

一九六八年到一九七四年出生的人帶有的集體意識，讓他們對婚姻、對伴侶關係會有不傳統的看法，他們也容易遇到不傳統的處境或狀況，所以，他們會是大量同志出櫃的第一代，也會是離婚潮的第一代。

天王星在天秤也會影響某些國與國的一對一關係的改變，尤其是鄰近國家，譬如一九七一年中國加入聯合國，台灣退出聯合國。

海王星天秤

海王星在天秤是一九四二年到一九五五年，這段期間出生的人對於一對一關係有集體的嚮往，他們對伴侶關係最有幻想和期待。他們出生的年代可以劃分為兩個階段，第一個階段是一九四二年左右，當時仍處於第二次世界大戰，很多人的伴侶關係被戰爭摧毀，感受到關係的無常、受苦與犧牲，他們內心都有失落感，使得他們期待天底下有長久的、不易被摧毀的關係。第二階段是在戰後，對於從戰場上歸來的人而言，婚姻是重要的，他們對伴侶關係有強烈渴求，嚮往完美的愛或完美的連結。

海王星也代表對伴侶關係的不真實期望，當時這些人要的不只是伴侶，而是完美的伴侶，對方必須身兼丈夫、兒子、情人，或是妻子、姊妹、母親、女兒，希望一個伴侶讓他們擁有全部的關係，滿足生命裡對愛和美的所有期望。

人類歷史上最會鼓吹愛的浪漫與幻想的詩人就是拜倫和雪萊（Percy Bysshe Shelley），他們的海王星都在天秤。

一九五三年前後出生的人的海王星和土星都在天秤，他們追求完美的愛，但追求到的人都會帶給他們很多麻煩。海王星沒有原則、沒有界線，因此完美的愛可以是異性，也可以是同性，但海王星意謂著很難實現，李安本身是海王星在天秤，他拍的電影《斷背山》，表達的正是海王星天秤對於完美的愛的追求與失望。不過海王星的特色就是即使再失望，還是會有幻想。

海王星在天秤的那段期間也是聯合國成立的時候，代表國與國之間的和平理想，可惜海王星很難發揮實際功用，現在聯合國已經沒有影響力了。

冥王星天秤

冥王星在天秤是一九七一年到一九八四年，這段期間是平權運動最重要的階段，也是男女權利衝突得最嚴重的階段。美國最重要的經典女性雜誌《Ms. Magazine》在一九七二年創刊，這本雜誌在七〇年代和八〇年代是女性主義的聖經。

很難想像的是，美國這麼先進的國家，一九七二年才在美國聯邦法通過男女平等法案。美國在一九七三年成立了 NOW（National Organization of Women），這是專門管理女性權益的部門，一九七三年也是美國開始推行墮胎法案的時間，有幾個州在當年就率先通過。

女性可以獨立申請信用卡、獨立申請銀行支票、獨立擁有自己的財產，在工作上和男性有平等的薪資法案，以及女性的醫療照顧可以取得和男性平等的條件……這些現在我們覺得習以為常的權利，施行至今竟然不過四十多年。像西班牙等國，甚至遲至一九八〇年代以後才推行。

我非常清楚的記得，台灣在一九七一年到一九八四年這段期間，女性主義的議題非常流行，當時的家庭版都是女性主義的文章，不像後來只放跟家庭有關的軟性文章，我當時每天寫一篇女性主義的專欄，就這樣寫了一年。

不同於當時推動新女性運動，渴望學習及完成新時代精神的舊女性，這個年代出生的女生是天生的新女性、真正的女性主義者，她們和任何男性之間的關係都不會是她們父母那樣的傳統關係，她們經驗更多、更複雜的男女關係衝突與壓力，台灣社會最獨立的女性可能就是一九七一年到一九八四年出生的這一批，一九八四年起冥王星進入天蠍，因此一九八四年以後出生的人面對又是截然不同的問題。

一九七一年到一九八四年在政治上有幾件很特殊的事情，一個是一九七二年發生在烏干達的阿敏（Idi Amin Dada）政變，位在東非的烏干達和印度只隔著阿拉伯海，所以當時的烏干達有幾十萬的印度移民，落地生根了兩、三代之久，結果阿敏一上台就規定所有印度人在一星期之內離開烏干達，不准帶走任何財產。這個事情很荒唐，它意謂著本來是一起平等相處的族群，在冥王星進天秤時，有一方被另一方殘酷的對待。

冥王星在天秤時，不僅男女關係產生衝突，本來在政治上是平等的關係也會產生衝突，譬如說一九七三年的以阿戰爭與黎巴嫩內戰、一九八〇年的兩伊戰爭、一九八二年以色列和黎巴嫩的衝突；此外，一九八三年美國入侵格拉納達，格拉納達的位置也在美國旁邊。

這些戰爭都有個特色，它們原本都是鄰居，彼此之間關係很密切，不像美國去攻打越南或伊拉克這種很遙遠的距離。這些國際的、家庭的、個人的一對一衝突，都和權力的不平衡有關，每一方都要求權力，平衡要朝向自己這一端，而導致原先彼此關係密切的人產生權力衝突。

這段期間出生的人也帶有這樣的意識，他們長大之後會碰到比較多婚姻關係裡的對抗與人際關係的鬥爭，所以這個年代出生的人容易離婚。雖然一九七一年到一九八四年的時候離婚的人不少，但是在一九七一年到一九八四年出生的小孩會比他們的父母更容易離婚，因為他們本命就帶著冥王星在天秤的特質。

Chapter/8

天蠍座

天蠍是一個正面能量與負面能量差異很大的星座。

大部分星座能量的差距並不會那麼大，例如天秤頂多就是偽善，喜歡到處討好別人，他們好起來沒多好，可是再怎麼樣討人厭也只是這樣；或者牡羊，他們非常的吵鬧，也非常熱情，再好的牡羊也從來都只想到自己，很少顧到別人，而再壞的牡羊，頂多脾氣火爆、做事衝動，但是也壞不到哪裡。

可是天蠍不同，天蠍座的能量如果朝正面發展，能夠發展出很高的靈性能量；但天蠍如果負面能量很強，恐怖負面的天蠍會有致命威脅。當負面的天蠍想報復時，他們可能會做出很多超乎常人想像的黑暗事情，例如幾年前的璩美鳳光碟事件，設局陷害璩美鳳的郭玉玲就是太陽天蠍。

本命星圖就是我們的生命旅程，一個人的靈魂是否覺醒會讓生命差別很大。每個人本命星圖的能量不同，每個人靈性的發展也不同，對於天蠍座來說，是否能夠自我轉化很重要，完全無法自我轉化的天蠍往往會變成非常狠毒的人。

如果一個人本命星圖的剋相很多，不同行星形成的剋相與剋相落在什麼星座也會差別很大。比如金星、海王星的剋相頂多讓這個人很虛榮、不切實際、自欺欺人，但如果是火星、冥王星的剋相就嚴重得多。而同樣是火星、冥王星剋相，如果落在天秤、雙魚，落在天秤的話能量通常會被隱藏，落在雙魚的話，別人頂多會覺得這個人很讓人生氣，如果落在天蠍，這樣的剋相往往特別會帶出天蠍座的負面能量，落在摩羯、牡羊則容易帶出星座能量中殘酷、暴力的那一面，對於天蠍來說，形同火上加油。

對於太陽天蠍的人來說，如果本命星圖中同時又有很強的人馬，比如上昇人馬，或者有許多相位不錯的行星落在人馬，對當事人會很有利。人馬與天蠍是相反的能量，在希臘神話中，人馬的弓箭就是射向天蠍的毒刺，人馬最能削弱天蠍的負面能量，因為人馬減輕了天蠍的執著，天蠍的負面能量就被中和、削減了。此外，如果太陽天蠍的人星圖中如果天秤能量很強，有助於減輕天蠍的壓力，或者雙魚能量很強，會使天蠍更有同理心，對他們也很有幫助。另外，星圖中有能量比較好的金星、木星、海王星，這種情況下也能使天蠍的負面比較不容易顯現。

太陽天蠍

在十二個太陽星座中，男性跟女性差異最明顯的是太陽天蠍。天蠍是隱藏的星座，是陰性的能量但不柔軟，所以所有的男性天蠍看起來都會有一種陰暗的感覺，都不那麼活潑，他們比女性天蠍看起來更為陰暗。女性天蠍往往看起來不見得那麼天蠍，因為女性比較會同時融合上昇與月亮的影響，而且對於女性來說，太陽可能是她們自己，也可能會代表她們的先生，有些女性會將太陽投射到先生的身上，因此不少太陽天蠍女性可能會碰到天蠍型的伴侶。

意志力很強的天蠍座是一個容易產生權力衝突的能量，太陽天蠍意謂著當事人的父親通常帶有天蠍特質，當太陽天蠍自己的天蠍能量遇到了父親的天蠍能量，親子之間就會產生很大的壓力。

太陽天蠍男性的童年處境會比太陽天蠍女性困難很多。幾乎所有太陽天蠍男性在童年的時候都會跟父親有很嚴重的衝突，他們的童年絕對不輕鬆。

太陽天蠍的小孩對於父親來說都很難帶、很難懂。上昇及太陽天蠍的人都很早熟，父母都喜歡小孩像玩具一樣很單純，寧願小孩不懂事，如果碰到很早熟的小孩，他們會不知道怎麼辦。每個小孩都有不聽話的時候，但天蠍的不聽話裡面都會有一種反抗意識，這對父親來說會造成很大的壓力。如果一個小孩表面很沈默，但骨子裡完全不聽話，這會讓他們的父親覺得小孩是真的在反抗他，而非只是單純的調皮。如果一個小孩很早熟又不聽話，那是一種對於父親的威脅，因此不容易跟這個小孩有親密的關係。

但這些問題卻通常不會發生在太陽天蠍女性身上，因為父親看待兒子跟女兒的感受是不同的。父親跟女兒因為性別不同，因此不會產生權力的衝突。

此外，由於天蠍跟生死有關，太陽天蠍的男性如果太陽本身有嚴重的剋相，他們本身的存在就會直接威脅到父親，他們可能就會遇到父親早逝，或者因為父親因為離婚等原因而離開的情況，而這些狀況也不會發生在太陽天蠍女性身上。

無論男女，太陽天蠍的人小時候遇到一些激烈的情感事件，有可能是發生在自己身上的重大威脅，也可能是發生在家人身上的苦難，因此他們都會比一般人提早經驗到生命的黑暗面。帶來生命黑暗面的人不見得是自己的父親，以我為例，我的太陽落在天蠍，但是我的雙子座父親非常和善，可是小時候住在外婆家的時候，我看過外公打外婆，所以帶來天蠍黑暗面的是外公，而不是我的父親。

天蠍座是一種很激情的能量，不管童年跟父親之間的關係如何，太陽天蠍的人不分男女，他們內心深處對父親都有很深的感情。十二個太陽星座當中，對父母最孝順的就是天蠍。尤其是太陽天蠍男性，即使有些人可能從小被父親打得很嚴重，還是會努力得到父親的肯定，即使跟父親在一起的時候不快樂，但還是會找時間陪父親，即使跟父親的關係困難得不得了，他們還是會用一種很困難的方式孝順父親。

太陽天蠍一生當中都容易遇到巨大的生命轉化事件，有些人可能小時候經歷了重要親人的過世，有些人可能會遇到激烈的情感關係，有的人會遇到重大的財務變化，也有的人會經歷攸關生死的重大疾病，這些事情都會使他們被迫轉化，如果能夠度過難關，他們就會蛻變成跟原來完全不同的人。太陽天蠍生命中會經歷巨大的事件或巨大的痛苦，過了之後都會變得更強壯。這就是為什麼太陽天蠍的人也以懂得生命黑暗面出名，像是太陽天蠍的俄國作家杜斯妥也夫斯基（Fyodor Dostoyevsky），他就以擅長描寫生命中的黑暗聞名。

太陽天蠍的人是很隱藏的，通常都不太願意成為注目焦點，尤其是男性。我認識的天蠍男性們其中一些是事業很成功的大企業家，但是他們很少會拋頭露面，因為他們的防禦性很重。

天蠍都會有一個很強的防禦系統，因為他們從小在有危險的環境中長大，這種環境會培養出對於危險的敏感度，天蠍座的人一定都會有自己的「禁忌清單」，他們會知道什麼是不能做的危險事。

我認識很多天蠍小孩從兩三歲開始就會幫媽媽看包包，東西看很緊。因為天蠍對於環境的控制欲很強，他們想要一切盡在自己的掌握之中，他們想要掌控全局。因此天蠍最恨背叛，因為身邊人的背叛會影響到他所控制的環境，這讓他們無法忍受。但是天蠍欲望又很強，如果進化程度不夠高，他們就容易會成為只准州官放火，不許百姓點燈的人。他們要控制別人，可是沒有要控制自己。不過天蠍即使出軌往往也不會出問題，因為他們很謹慎，不容易被發現，而且他們可能考慮了很久之後，最後還是會回到原來的伴侶身邊。這跟天秤完全不同，天秤如果出軌的話，通常會很難從第三者手中掙脫，當然他們也不會跟原來的分開，於是開始兩邊跑，搞到兩邊都很累。天蠍自我控制的能力比較強，即使外遇，也一定會控制在隨時可以抽身的狀態，因為如果陷入無法抽身的狀況，就等於將控制權拱手讓人，這是天蠍座不能接受的事。

太陽天蠍男性很喜歡隱藏自己的想法，即使結婚了十幾年，他們的伴侶常常還是摸不清他們在想什麼。即使在親密關係中，有一些事情天蠍都還是覺得不需要讓對方知道，他們心中會有一個不能碰的地方，他們都懷著某些祕密過生活，而這些祕密可能都跟他們生命的黑暗面有關。但是天蠍的隱藏跟摩羯的內斂不同，摩羯的內斂有如冰山，而天蠍在隱藏的同時，其實底下有火山，即使很有距離，你也會感受到很強的溫度熱度，背後有很大的吸引力。

天蠍喜歡控制，也因而出現了一些有名的極權者，例如蔣中正，可是真正要比獨裁專制的話，就會發現天蠍沒有摩羯厲害，因為天蠍到最後的敵人都是他自己。天蠍會有親疏好惡之分，像蔣中正就無法用那些對他有幫助但是他不喜歡的人，這樣當然會輸給摩羯座的毛澤東。天蠍座怕被人背叛，所以他們也不太會背叛別人，而摩羯座用人只看這個人當時對他們有沒有幫助，如果情勢改變，他們也能夠毫不猶豫的翻臉。

天蠍比摩羯怕被背叛，關鍵在於他們本質上是在乎感情的，當一個人如果不怕被背叛，就代表他們比較沒有感情。天蠍很在乎他所定義、他想要控制的感情。這就是天蠍最大的致命傷。

因此天蠍要很小心自己的報復心與控制欲。像我認識一個太陽天蠍的小孩，他從小經歷了一些家庭創傷，因此特別早熟，對於別人是否友善很敏感，有次被長輩罵了之後，他就偷偷拿剪刀把人家衣櫃中好幾件西裝剪破，即使事後一定會被發現，他也非報復不可。

太陽天蠍最大問題就是激烈，通常性情激烈的人人生好壞差別會很大。激烈的性格會讓天蠍成就很大的事，但往往也同時會有很多犧牲。例如我有些做大企業的企業家朋友，他們有時候就要承受沒朋友、跟家人關係不好、眾叛親離等等問題。

很多太陽天蠍都對性的激情有興趣，與牡羊不同的地方在於牡羊有興趣的是性，而不是性的激情。牡羊比較像是肉體的關係，天蠍則跟激情有關，因此太陽天蠍其實性欲並不像牡羊這麼強。牡羊會呼朋引伴去花天酒地找女人，不怕別人知道。太陽天蠍不會，因為他們喜歡的並不是肉體的性欲，他們喜歡的是偷情。

天蠍常常願意為了別人想要的東西付出，尤其是對於家族、家人更是如此，很多太陽天蠍是出了名的孝子孝女，他們往往是家庭中最主要的付出者。但這也是他們控制別人的方式，天蠍很會控制身邊的人，因為如果不能給人家想要的東西，他們就沒辦法控制別人了。

我自己星圖中有很多星落在天蠍，對於天蠍控制性的體認很深。我的人生最大的轉變就是去倫敦學占星學，在此之前，我覺得我對家人很好，可是要按照我希望的標準，我會為家人買房子，也叫妹妹買房子，甚至可以先借錢給妹妹，看到妹妹交男友也會干涉，可是有這種姊姊不見得會快樂。去英國學了占星後，藉由占星學檢討了自己的狀況。你可以有天蠍的深刻的愛與情感，可是並不一定要執著或控制，在認知的過程中慢慢的修正，讓自己的能量轉化，回台灣後跟弟弟妹妹的關係就比以前好很多。能量就是要有出口，要轉化，否則就會過度集中，如果能把能量放在控制世俗的神祕面上，就不會對控制世俗本身那麼有興趣。以前的我比較像天蠍，後來我把天蠍的能量移轉到研究占星學與神祕學，就不會把能量全部都放在控制世俗上。

人是可以進化的，進化的過程中能量會不斷提升。如果不提升，就一定是發生在最負面的情況。你常會發現社會上出很大問題的人，其實是無知的人。無知是很可怕的。

月亮天蠍

男性月天蠍如果受剋比較容易碰到母親早逝、沒有母親的狀況。月亮天蠍代表當事人的母親通常都懷有祕密，比如跟父親的感情不好，或者是遇到了一些狀況而過得很辛苦，但是母親不願意說出來。月亮天蠍的人從小就會用潛意識來感受到母親比較深的情緒困難，這種小孩是很敏感的，但是媽媽不見得會察覺。

比如我認識一個月亮天蠍的朋友，他從小就知道他的父母感情不好，甚至還知道媽媽暗地喜歡一個同事。這些都是外人看不出來的事，他也知道並不會因此而發生什麼嚴重的事，可是對他來說這變成了一個很重要的印記。

由於月亮天蠍的人從小不斷的捕捉母親的情緒狀況，所以月亮天蠍也以解讀別人心思的能力出名。他們會比太陽天蠍的人更加敏銳，第六感很強，因為他們可以用直覺去感覺別人在想什麼。

月亮天蠍童年一定會經歷家庭的巨大糾紛，讓他們感到不快樂而變得很早熟，因此他們對家庭生活特別敏感。月亮天蠍的人控制欲也很強，太陽天蠍會用強烈的意志力控制別人與環境，他們方式很直接，很容易被別人察覺。月亮天蠍的控制往往使用幽微隱藏迂迴暗示的方式，但其實他們的控制欲比太陽天蠍還強。

月亮天蠍的人自己本身有很隱藏的情緒，但是表達起來很強烈，他們對感情上的要求比太陽天蠍更多，對於金錢的控制欲也比太陽天蠍更強。

太陽天蠍的人不能被背叛，但他們未必會一天到晚緊迫盯人，只要大致上知道沒有問題就好，甚至不住在一起也沒關係。太陽天蠍可能只希望肉體不要背叛就好，可是不見得要連情緒也忠實。

但月亮天蠍不會讓另一半分開住，他們希望擁有的是完整的情感，希望伴侶不只是身體忠實，連情緒要做到忠實。月亮天蠍也不能接受別人的背叛，只不過他們比較不像太陽天蠍一樣事後有能力去報復，因為月亮是被動的能量，即使不能接受背叛，但也無能為力。

月亮天蠍通常代表母親跟自己佔有欲而非控制欲很強，而且比較幽微隱藏。月亮天蠍如果是女生，她們的佔有欲會表現得比較像是母愛，像媽媽對小孩，而不是情人的佔有欲，表達起來也會不像月亮天蠍男性那麼困難。所以月亮在天蠍的女性對先生外遇比較可以接受，只要對方願意回來。男性通常跟自己的月亮之間有距離，因而比較容易受月亮的困擾。

月亮在天蠍的人都不喜歡很隨便的關係，如果發現他們有外遇，千萬別相信他們只是逢場作戲。儘管天蠍會加以控制，但在外遇的當下，他們絕對都不會是隨便的。這也就是他們特別不能接受被人背叛的原因——因為他們自己無法逢場作戲，因此他們不相信另一半外遇後對他們的感情仍然不變。

真的能夠逢場作戲的人是因為知道自己不會真的放感情，但天蠍如果發生外遇，他們自己本身一定有付出真感情。當他們被配偶背叛時，他們會覺得自己感情被拿走了，因而會感到很受傷。

水星天蠍

水星在天蠍的人喜歡研究心理學、精神分析等知識，也喜歡閱讀偵探小說。他們想事情的方式很深沈，思考很有深度。

很多水星天蠍的人都在從事與玄學、精神分析有關的工作或以此為嗜好。天蠍很強的人一定不會對占星學或神祕學毫無興趣。

但是除非水星落在三宮，或與天王星木星成好相位，否則光是水星天蠍並沒有很強的寫作動力。我有很多水星天蠍的朋友都很聰明，可是都沒有在寫作。水星天蠍如果可以成為作家，他們都不會寫很簡單、很娛樂性的東西，他們的作品都會比較深沈，像諾貝爾文學獎得主尤金歐尼爾（Eugene O'Neill）的水星就在天蠍。但水星天蠍本身不愛表達，他們擅長的是一段一段的文字，通常不會長篇大論，像歐尼爾即以劇作而非小說而聞名。

水星天蠍的人也可以成為很好的畫家或演員，他們都會是行業中比較深刻的表現者，因為他們會用藝術來表達比較深層的感情，用藝術來傳達天蠍的世界。

金星天蠍

金星天蠍的人喜歡的價值和喜歡的感情都是深沈的，他們不喜歡膚淺的事物、膚淺的感情、膚淺的關係。

金星與美感及美的需求有關，而金星天蠍的人永遠不會喜歡膚淺的美。我的金星就在天蠍，十八年前我還沒去過西班牙前對佛朗明哥舞很感興趣，但在格拉納達看了跳給一般觀光客的表演時，卻因為完全無法忍受而起身離開，還好之後又去了佛朗明哥發源地塞爾維亞，看了當地人公認的優秀舞者表演，感動得一面看一面哭。我從小就對藝術非常挑剔，我痛恨把東西變淺薄。包括占星。這並不是故作清高，而是無法忍受，這都跟金星天蠍有關。

金星天蠍不容易表達情感，除非遇到真正喜歡的對象。他們不會跟別人討論自己的感情，如果覺得雙方沒有可能在一起的話，當他們喜歡一個人的時候也不會讓對方知道。金星天蠍的人在情感方面要掌控局面，而且他們直覺很強，對情感狀態很敏感。如果又加上海王天王相位的影響，就會有很強的直覺，別人對他們有沒有興趣，不可能瞞得住他們。

在情感關係上，金星天蠍的情感就像麻辣鍋，在十二個星座裡面，金星天蠍的激烈程度大概算得上是第一名，但不是每個人都會喜歡重口味。金星天蠍的男生通常會喜歡性感、有魅力而且情感強烈的女生，金星天蠍女性則通常都會有一種魅力，尤其是對於需要激情的人很有吸引力。

金星天蠍喜歡深刻的人，他們也希望情感關係是深刻的，不接受很表面的情感關係，他們談起來戀愛時情感密度很高。我以前談戀愛的時候絕對沒辦法像很多情侶一個禮拜只約會一次，見面吃個飯聊個天就回家，交往了很多年彼此都還不太熟。我沒有辦法接受很表面而不觸及內心的情感，我會真的想要知道交往的對方是怎麼樣的人。即使一兩個月就分手，在這一兩個月裡面也幾乎都會是跟對方從早混到晚，密集爆炸式的連續十幾個小時洗腦，差不多連對方祖宗八代的事情都知道，對於情感緊密度的要求很高，就像電影《純真年代》。《純真年代》的導演馬丁史柯西斯（Martin Scorsese）正是金星天蠍。所以如果你想跟金星天蠍的人在一起，一定要能建立深刻的感情，否則他們絕對不會滿意。

金星天蠍的人也很不能接受被背叛，而且因為他們對於感情很敏銳，一旦有蛛絲馬跡他們馬上會發現，不會等到外遇了才知道，所以跟他們在一起其實也很累。

事實上金星天蠍的人也不可能跟花心的人在一起，因為金星天蠍絕對不會給自己惹麻煩。

火星天蠍

天蠍的能量很激烈，金星天蠍喜歡的激烈感情，頂多讓人談戀愛談得很累，但火星天蠍喜歡激烈的性欲表達方式，就意謂著帶有虐待、暴力的成分。火星天蠍本質上喜歡比較複雜、比較黑暗扭曲的性，對火星天蠍的人來說，性與暴力之間的界線很模糊。

由於火星天蠍的性欲過於激烈，很多火星天蠍的人會選擇隱藏壓抑，但是火星的能量本來就難以壓抑，火星天蠍的激烈能量壓抑久了反而更容易出問題。

有的人會說火星天蠍的人可以找同好上床，這個方法固然讓可以疏導火星能量，但是問題卻沒有這麼簡單。如果排除道德的壓力，就能量的角度來說，火星天蠍如果受剋，一方面容易吸引到不好的性伴侶，帶來安全上的問題。此外，天蠍除了性與暴力之外，還跟權力的執著與扭曲有關，有時候我們會看到社會新聞中嫖客為了小錢引發口角，竟然把妓女殺了，如果照理智邏輯，顯然不是為了區區數百數千的夜渡資，也不是為了感情，性欲與暴力如果加上雙方對於權力的爭奪，火星天蠍等於將暴力、死亡、性欲、犯罪全部整合在一起，性行為因此變成毫無理智的憤怒與暴力。

我們一直強調天蠍能量高低層次差很多，如果無法提升轉化到高階的天蠍能量，就會很危險。就占星學的角度來說，火星天蠍還是必須仰賴轉化與意識狀態的提升，才不會成為吸引危險的緣分。

木星天蠍

木星天蠍是一個還不錯的相位，因為天蠍本來是隱藏的，而木星會把隱藏的東西放大擴展，所以木星天蠍很能幫助當事人發現隱藏的祕密，發現事情內在的真相。木星天蠍的人對於隱藏的智慧很有天分，因此很利於從事神祕學的領域，他們也容易從中獲得知名度或好處，歷史上有非常多催眠師、通靈者、神祕學家、占星學家都是木星天蠍。此外，木星天蠍的人也適合從事跟控制有關的工作，因為他們擅長控制隱藏的力量，無論是神祕非現實世界隱藏的權力，還是世俗的隱藏權力，例如木星天蠍的蔣介石與拿破崙，他們都可以抓住政治世界裡面隱藏的權力。

天蠍也代表性的吸引力，木星天蠍可以喚起別人對性的隱藏渴求，因此出了很多性感偶像，例如貓王、瑪丹娜（Madonna），他們並不特別漂亮，但是可以因為做性感偶像而出名獲利。因為木星是放大的能量，即使他們未必長得比別人好看，可是木星天蠍會讓他們的性的意識會被擴大出去，所以他們容易被人看到。

土星天蠍

木星天蠍的人適合去探索任何隱藏的事物，包括性，他們不會因此受到打壓，也不會有性壓抑的問題。土星天蠍與木星天蠍相反，土星天蠍從小就會在性的表達上受到打壓，長大以後也會一直覺得性能量受到壓抑。如果加上火星剋相，就會有有性冷感、性困難的問題。因此很多土星天蠍會將性能量扭曲，有可能會反映在性上面，變成扭曲的性行為，也可能變成扭曲的價值觀或者扭曲的心態。

土星天蠍的人最大特色就是會自我設限，很容易遇到性或金錢被控制或自我控制的狀況，所以他們也會很小氣，他們的資源（包括性）很難與人分享。

土星天蠍的人很不信任別人，有點冷血。負面的土星天蠍會顯得很陰沈黑暗，像美國ＦＢＩ的局長胡佛、柴契爾夫人（Margaret Hilda Thatcher），他們在政治上都以陰險、權力欲與控制欲出名。

天王星天蠍

一九七五年到一九八一年天王星進入天蠍時，天王星的革命創新能量，會使許多跟天蠍代表的性、黑暗、暴力隱藏事物被發現。

例如美國的水門事件與ＣＩＡ機密檔案曝光，大眾發現了許多政治黑暗的祕密。很多同志也在這個時期開始出櫃，這代表之前一向隱藏在櫃中的性傾向議題搬上檯面。一九七五年到一九八一年也是太空探險的年代，對於人類來說，太空是個未知而神祕的領域。

一九七五年到一九八一年天王星天蠍的時候，全世界都有性解放與性相關的實驗出現，出生在那段時間的人會將這個集體意識會內化成性格的一部分與生命能量，影響他們一輩子。這個時期出生的人天生覺得性不需要禁忌，他們對性的態度跟一九七五年以前的人不一樣，而這種對性的不在乎是集體的態度。如果這段期間誕生的人本命星圖中有行星落在與天王星天蠍不合的位置，他們就會對此感到很矛盾，他們會感覺自己在性的態度上跟同時代的人格格不入。

海王星天蠍

海王星在一九五五到一九七〇年進入天蠍。海王星天蠍與海王星天秤的最大不同在於，海王星天秤要的是完美的愛，海王星天秤的人長大以後變成了花童世代（flower child），他們覺得關係很重要，對於理想的關係有很深的嚮往，可是海王星天蠍嚮往希望的是理想的性，海王星天蠍會把性理想化，性在這個時候被美化了。海王星天蠍的時代出現了很多描述性的書，也出現了許多將性描繪得很唯美的電影。海王星也跟藥物有關，許多改變意識形態，例如ＬＳＤ等讓人類接觸隱藏意識的藥物開始出現。

天蠍與死亡有關，海王星天蠍時許多政治人物捲入性的風暴，或因政治的暴力而死亡，例如甘迺迪（John F. Kennedy），馬丁路德金恩（Martin Luther King）。天蠍原本只跟死亡有關，但海王星天蠍使得大家對於死亡後的迷幻世界也開始感興趣，因此這個時代輪迴議題開始受到重視，大眾對於神祕學與巫術也感到興致勃勃。

海王星天蠍的剋相帶來全球的環境污染、化學污染與核能污染的嚴重問題，但由於海王星善於逃避現實，這些問題直到一九八〇年代之後才被正視。

冥王星天蠍

冥王星掌管天蠍座，一九八三年到一九九五年冥王星進入天蠍等於是回到自己的星座，冥王星現實黑暗的力量在這個時候特別強烈，隱藏的金錢、暴力、性議題在這個時期浮上檯面。

冥王星天蠍代表隱藏而巨大的能量，核能問題此時開始受到重視。當海王星在天蠍的時候，大家都還對隱藏的能量存有幻想，覺得可以發展核能，可是到了冥王星進入天蠍後，大家就知道核能可能會帶來很大的威脅。

冥王星天蠍也跟大錢、大財團有關。一九八三年後全球財富開始膨脹，一九八六年股票漲了十倍，有錢人的資產也因此漲了十倍，有錢人變得更有錢，貧窮的人依舊貧窮，貧富差距被拉得更大。天蠍也同時代表大眾的資源，因此這個時候大規模的貨幣整合，單一貨幣歐元誕生。

一九八三年到一九九五年愛滋病被視為世紀黑死病，它不只帶來死亡，也帶來社會普遍對於性的禁忌與恐懼。但這個時期同時也是全世界性產業開始大量盛行的年代，各種跟性有關的商品隨著網路進入每個人的日常生活，也成為誕生在這個年代小孩的集體潛意識。冥王星天蠍也跟環境中隱藏的細菌感染有關，這個年代出生的小孩不但開始經歷腸病毒與各種感染的威脅，受到的性犯罪威脅也比以往更高。

Chapter/9

人馬座

人馬是一種陽性的能量，不過這種陽性能量不像大男人，而是小男孩。三個火象星座裡面牡羊的雄性最強，是成熟的、有性欲的男人；獅子是十七八歲的青少年，雖然還沒有真正成年，但是已經是個小大人了，開始懂得愛漂亮，而且很要自尊；人馬是十歲左右的小孩、非常孩子氣。

我身邊的人馬不論男女都會有種喜劇特質，就算是美女，她們也不介意當個美麗的小丑。他們絕對不會讓人覺得他們很有威嚴，讓人感到很沈重。或許是動作，或許是樣子，他們身上一定會有某些讓人覺得很有趣的地方。他們也喜歡開自己的玩笑，讓人感到很輕鬆，很好相處。

人馬不是一個嚴謹的星座，他們喜歡東扯西扯，而且都有一點誇張的傾向。他們不喜歡正經八百的態度，他們知道自己在誇張，也喜歡誇張帶來的戲劇效果。比如以前我年輕的時候有一個太陽人馬的朋友，有一次我跟他去逛唱片行，他一進唱片行就跟店員說，把最新最有名的ＣＤ全部拿給我。結果店員回答，我們這裡的ＣＤ全部都是最新最有名，你要不要全部買下來？這就是標準人馬式的誇張對話。

人馬很喜歡與別人分享他們知道的事，連我這麼愛講話的上昇人馬遇到太陽人馬都甘拜下風，有時候人馬打個電話來，講了十五分鐘都是他在講。人馬不是在溝通，他們是在佈道。

人馬大喇喇的性格常常會顯得很自以為是。如果你仔細聽人馬講話的內容，你會發現，他們常常會講很多跟你不相干的事，提到很多你根本不認識的人，因為他們講到興起的時候，常常忘了對方不見得知道這些事，不見得認識這些人。

在十二個星座中，最喜歡講話的就是人馬跟雙子。兩者不同之處在於，雙子座喜歡溝通，人馬座喜歡演講。雙子座跟別人講話一定是你一句、我一句，有來有往，人馬座則一打開話匣子就停不住。雙子座會看事情的兩面，但人馬常常只看一面，而且他們很堅持他們看到的那一面，堅持他們看到的那一個原則，所以人馬很容易跟人吵架。人馬的脾氣一定沒雙子好，人馬喜歡罵人，而雙子不會隨便罵人。人馬比較敢講真話，他們不像雙子這麼面面俱到。

所以請人馬站台常令人心驚膽跳，因為他們心直口快又直言不諱，有時候可能會站台變拆台。通常這樣的人你會以為他們人緣不好，可是人馬的人緣很好。儘管他們常得罪人不自知，但他們到最後還是人緣很好。人馬如果得罪你，一定在剛認識的第一年就得罪光了。可能你一開始不喜歡他們，常常被他們氣得要命，但是他們所有的缺點你一定一下就知道，如果繼續跟他們來往，你會發現他們全部的缺點就是那些，而你早就已經都知道了。

人馬不容易跟人結下梁子，因為他們無法與人為敵太久。事過境遷之後，他們是真的可以前嫌盡釋，而且心中毫無芥蒂。即使真的得罪他們，也不用擔心他們會放心上。他們很開得起玩笑，不太容易被得罪，他們對別人很寬大，對自己也很寬大，他們很容易原諒別人的缺點，他們對於自己的缺點也不打算改。

人馬常常跟別人吵架，但吵過之後很快又會和好。他們之所以常常路見不平就發脾氣罵人，是因為他們不認為有什麼事情是嚴重到不能當面講——這也意謂著他們如果要講你的壞話，一定當著你的面就講了，如果當面他們沒有說，你就絕對不會在背後聽到。我觀察身邊的人馬朋友，發現他們有一個很大的優點，他們絕對不在背後說別人壞話，他們在背後只講別人的好話。

人馬座的人很喜歡新經驗、新朋友，他們有一點喜新厭舊。他們當然也會有交往十幾年的老朋友，可是絕對不會常常在一起瞎混，他們很難跟人變成死黨。他們很好相處，所以朋友很多，但往往是在剛認識的時候最熱情，等到跟他們越熟，你就會發現你的優先順序被排到越後面，他們也不是跟你不好，而是寧願把時間給新認識的人，即使對他們的男女朋友也都是這樣。

人馬座不喜歡太黏的人際關係。有時候我們跟好朋友之間，如果好幾個月都沒有跟人家聯絡會有點不好意思，人馬沒有這種顧慮。就算兩三年都忘了跟人馬的朋友聯絡，路上遇到或者忽然想到要約他們出來吃飯，他們的友情完全不會變。

比如我有個很會做菜的人馬座朋友，有時候我可能半年一年都沒跟人家聯絡，忽然哪一天興致一來打個電話問她有沒有空，有空的話晚上就去她家吃飯，這種事情只能對人馬座的朋友這麼做。對於很多星座的人來說，如果半年一年都沒跟人家聯絡，忽然一通電話過去說晚上去他們家吃飯是不行的。但人馬座可以。

跟人馬座交朋友讓人感到很輕鬆的原因就在這裡，他們根本不覺得交朋友得要固定保持聯絡——事實上如果你跟人馬座太黏的話，朋友關係就變成了一種責任，他們搞不好反而會嚇死。

人馬座都很愛玩、愛自由，隨著每個人心智發展的不同，有的人馬會特別喜歡宗教、哲學，有的特別喜歡旅遊，有的特別喜歡運動。但不管是什麼樣的人馬，他們都有很相近的特質：他們看起來都很有趣、很樂觀；他們雖然有點喜新厭舊，但是他們很誠懇。

仔細想來，人馬其實缺點很多，他們心直口快不太體貼，常常漫不經心不太穩當，常常過度誇張又好管閒事。可是再想一想，這些缺點也都是可以被原諒的。

很多人不管事業、家庭再成功，永遠一副不開心的樣子，永遠在抱怨，人馬不會。人馬最重要的特質就是 Happy go lucky，當你看到一個人馬不開心，一定出了大事——但是說真話，我不太容易看到人馬朋友會這樣。人馬不論發生什麼事情，永遠一下子就雨過天青。

太陽人馬

太陽是陽性能量，人馬也是陽性能量，而且人馬本身會讓能量放大、擴展，所以太陽人馬的人特質很清楚，性格也很清楚。太陽人馬通常會有個喜歡跑來跑去的爸爸，從他們爸爸的身上也會看到許多人馬的特質。例如有些人的父親跟外國有緣，他們可能從事外國貿易、代理外國廠牌、與外國人合作、常去外國出差或旅行，也可能做事浮誇或者很樂觀、很愛現。

太陽落在人馬代表當事人很容易遇到貴人或一些生命中的好處。無論相位好壞，太陽人馬不管男女都會有一些小好運。他們不太可能生下來就要背負很多責任，不太可能遇到很多讓他們從小就覺得生命很痛苦的情境。他們不見得會有遺產，可是家中常常會留給他們一塊地或一個房產，我認識很多太陽人馬的女生就是這樣，這在以往財產傳子不傳女的傳統台灣家庭中是很特別的。

由於人馬本身並不是一個勤奮努力的星座，太陽人馬也不會是那種吃苦耐勞、努力工作的人，但他們的日子通常都能過得不錯。

太陽人馬的男性如果相位不錯，他們常會是外人口中的好命人，因為人馬遇到的幸運，都不是靠他們一步一腳印辛苦得來的。有時候他們會遇到一些生活上的好運，比如同樣的職位，別人做得辛苦無比，但他們可能運氣很好遇到一個很能幹又很勤勞的副手，讓他們輕輕鬆鬆就能做得很成功；太陽人馬有時候也會吸引到錢財的好運，有的太陽人馬可以拿到遺產甚至公司的額外獎金，而且往往金額比他們想像得更多。

對於女性來說，太陽有可能代表了父親與丈夫。太陽人馬的女性如果太陽相位不錯，可能她們會有一個有錢的爸爸，她們也容易嫁給有錢、有地位的貴夫。

人馬座的本質就是小男孩，太陽人馬的人終其一生都會保持一種赤子之心，因此他們看起來都會很年輕。太陽人馬的男性很開朗、很陽光，但我們絕對不會說他們很有成熟男人的雄性氣息。而我認識很多太陽人馬的女性朋友都看起來很年輕，她們可能都已經三四十歲，甚至接近五十歲，看起來都還像是三十上下。她們都不是會使用昂貴保養品的人，讓她們看起來年輕的不是皮膚，而是神情與態度。她們會有一種小男生的特質，即使長得很漂亮，也絕對不會非常女性化。我以前認識一個很漂亮的電影明星，如果看照片，你會覺得她是個標準的清純玉女，但如果跟她面對面講過話，你會發現這個人太像小男生了，她講話、走路的樣子都很大喇喇，跟照片中的形象非常不同。

很多太陽人馬的女性會嫁給有一點陰柔的男性，我認識好幾個太陽人馬女生都嫁給巨蟹男生，例如大家熟悉的馬英九與周美青，就是太陽巨蟹跟太陽人馬的組合。

太陽人馬的人都很熱情，他們都很容易與別人交朋友，也很喜歡冒險、旅行、大計劃，對於新事物也都很歡迎，所以他們是很好的推銷員，他們善於推銷商品，善於推銷自己的感情，也善於推銷信仰——太陽人馬很適合當傳道人。

由於人馬具有放大的性質，太陽人馬的人講話時常常不由自主的放大誇張，別人可能送你一束玫瑰花，而人馬會說送你一座玫瑰園，可是往往最後你會連一朵玫瑰花也沒拿到。他們總是喜歡把事情說得比較好聽、比較誇大，然後就忘了做這件事。

人馬喜歡誇張，而且非常熱心，他們可能會過度樂觀，答應太多根本做不完的事，因此他們都會有輕然諾的問題。他們不是不做，但他們總是還沒把舊的目標做完就又答應了新的事情，太陽人馬的人喜新厭舊，原先答應別人的事順位就被往後移，而這件事可能還沒做完，他們又答應了更新的事。不過，如果你去催催他們，原先順位被他們移到很後面的事情，有可能因此又成為了新事，他們可能會因此停下手邊正在做的工作，幫你完成這件很久以前答應的事也說不定。

人馬座的幸運在於他們不但容易遇到貴人、遇到好運，他們也不容易被別人找麻煩。他們對人總是非常熱心，你不會擔心一小心會得罪他們，即使他們沒辦法做到答應別人的事，甚至出了什麼問題，大家也不太會真的很生他們的氣。他們就是可以很容易的與人建立比較友善的關係，他們跟工作的關係也是一樣，你不會看到很辛苦、很上進、很努力、汲汲營營、處心積慮、勾心鬥角的人馬。他們是用一種比較容易的方式過人生。人馬所謂的「幸運」，就是幸運在這裡。

太陽人馬的人不喜歡固定待在一個地方，也不喜歡朝九晚五的工作，他們喜歡從事業務、自由業這類可以偷跑開小差的工作。人馬喜歡玩，不喜歡負擔責任，所以大部分人馬都喜歡小孩，但是不喜歡帶小孩。我有一個人馬的朋友，她嫁入大家族之後生了五個小孩，我一開始聽到這件事的時候覺得不可思議，後來她自己承認她只負責生小孩，不負責帶，帶小孩的工作都是佣人負責，她生了五個小孩卻不會幫小孩換尿布，也不會餵奶。

一般來說人馬不喜歡固定待在一個關係裡，他們不黏別人，也不喜歡別人黏他們，所以很多人馬喜歡跟寶瓶在一起。人馬在人際關係上也會喜新厭舊，他們的朋友很多，而且男性女性都有，他們不太容易寂寞，所以反而不太會有外遇。因為他們興趣太廣，想做的事情太多，他們不會想要在男女關係上花那麼多的時間。而且他們不喜歡束縛，跳進新的關係對他們來說太麻煩。

對於很多人際關係比較窄的星座來說，談戀愛是重要的新經驗，但對於人馬來說，他們整天忙著上山下海到處玩，每天都有各式各樣的新體驗，在他們的行程表裡面，情人的優先順序很後面。戀愛對人馬來說沒那麼重要。

人馬座的人不會太小氣，對於錢財不會很計較，他們或許不見得很愛亂花錢，但他們不喜歡整天忙著賺錢，因為他們喜歡的事情太多了，他們寧可把時間拿去玩，錢夠了就好。他們沒辦法花太多時間在純粹為了賺錢而做的工作上。舉例來說，太陽人馬的華特迪士尼（Walter Disney）、馬克吐溫（Mark Twain）、伍迪艾倫（Woody Allen），雖然他們的確賺了很多錢，但他們等於是利用興趣來賺錢，他們可以說是在發展興趣的過程中，順便賺到了錢。

像我身邊的人馬朋友，有的人晃來晃去，每天只做兩件事情，就是餵貓還有上咖啡館喝好咖啡；有的人十幾二十年只出了三本詩集，寫了幾首暢銷曲。他們都不是沒有能力出去賺錢，也不是懶惰，對他們來說，自由閒散比工作賺錢更重要。

月亮人馬

不管是太陽人馬或月亮人馬，他們本質上都很外向，他們都會喜歡運動、看球賽、喜歡賭博、喜歡冒險刺激。

由於月亮跟過去的事物以及母系遺傳有關，而人馬跟外國事物有關，所以月亮在人馬有時候可能會出現一個特殊狀況：當事人的母系那邊有外國人的血統，或者母親跟國外有特殊的緣分。要注意的是，月亮跟過去有關，太陽沒有，所以太陽人馬並不代表父親有外國血統。

月亮人馬的母親通常個性很獨立，他們的媽媽都不會很女性化，都是比較中性的獨立女性。

月亮人馬的人很熱情開朗，個性常會讓人覺得大剌剌。月亮人馬的男性通常會尋找友善、樂觀、愛玩的對象，他們的太太往往會對外國事物有興趣。月亮人馬女性通常會讓人覺得她們總是開開心心、不太麻煩，可是不會讓人覺得她們很溫柔，很善解人意。

月亮人馬的人常常在情緒上顯得很誇張，他們跟小孩很玩得來。他們雖然不喜歡照顧小孩，但是喜歡跟小孩玩，因為他們自己的個性中本來就有小男孩的特質。

月亮人馬的人很喜歡家庭生活中的活動或變動，他們喜歡搬家、更換家中佈置，也很喜歡在家開派對。我認識一個月亮人馬女生大概每隔三個月就會換一次家具擺設，有的時候甚至會把客廳跟餐廳對調——其實有時候把家具換個位置，家裡看起來就完全不一樣，簡直就像搬了新家一樣。

我有個月亮人馬的朋友，她因為先生工作的關係住過很多國家，她的太陽在獅子，我每次問她喜歡哪個國家，她都會說是現在正在住的這個國家，她每搬到一個新的國家，就會在當地交一批新的外國朋友。

由於人馬跟外國有關，月亮人馬的人喜歡家中具有異國氣息，也喜歡請外國人來家中作客。有一次我出國旅行的時候去拜訪月亮人馬的朋友，發現很多不同國家的朋友都來拜訪她，家裡人來人往都是外國客人。

月亮人馬的人花錢比太陽人馬還鬆。月亮跟金錢的關係比太陽更大。太陽人馬的人可能月亮在金牛、天蠍，他們雖然還是不太在乎錢，但用錢的時候還是很謹慎。

人馬很強的人基本上都比較敢花錢，而且在金錢上都有好運。例如我有個朋友自己和先生都賺很多錢，但她每個月都把錢花光光，不過每一次她需要一大筆錢的時候就會有人出來幫她。像有一次她想整修房子而沒有錢的時候，先生就拿到了遺產五十萬美金，她就把這些錢通通拿去整修房子，一般人不會這麼做。他們每隔幾年就有這種小幸運。他們很樂觀，儘管身邊有很多人都為他們捏把冷汗。

水星人馬

水星在人馬基本上是很不錯的位置，因為人馬會加強水星的心智活動、語言活動、思考活動。水星人馬的人對學習新的事情很有興趣，他們是終身學習的學生。他們通常對外國文化很有興趣，像是英國小說家康拉德（Joseph Conrad），他的寫作都與異國文化有關，他曾經當過海員，周遊世界二十多年，直到三十七歲才成為作家。

水星人馬的特色是講話很快、想事情很快、寫東西的速度也快，如果從事文字工作的話，因為他們想得快、寫得快，所以寫作時比較容易。像電影導演伍迪艾倫就是水星人馬，看過他的電影就知道他講話的速度有多快。

我的水星也在人馬，而我的先生水星在九宮。水星人馬的人喜歡的知性活動常跟異國文化有關，有時候他們會因此不得不學一些外國語言，可是水星人馬學外國語言往往不會像水星九宮的人學得這麼好。因為水星人馬實在太愛講話了，愛講話的人耳朵常常沒打開，我先生的水星落在巨蟹、九宮，水星巨蟹的人雖然話比較少，但是他們善於聆聽，如果想要真正學好外國語言，聽比說重要。

水星人馬的人講話速度快是因為沒耐心，所以我雖然寫東西速度很快，但是最怕校對。水星人馬的人往往只能寫短篇，沒辦法寫長篇，因為他們雖然寫得快，可是沒辦法像很多作家每天寫一點寫一點，但是可以每天一直持續寫。

水星人馬雖然常常會因為講話直接而出口傷人，但他們不像水星牡羊那樣可以用語言當武器，因為水星人馬不太有辦法說假話。像我很怕一個人穿得很醜而問我好不好看，我是沒有辦法說好看的，年輕的時候我常因此得罪人，長大以後才學會用拐彎抹角的方式告訴對方。

水星人馬對於天馬行空的東西有天分，但是心思不夠細膩，他們很活潑但是沒有紀律，而且常常會過分樂觀，不太能考量事情全貌，因此很少看到水星人馬的科學家、會計或律師。

金星人馬

金星人馬的人也同樣很喜歡跟外國有關的事物，但是他們不見得像金星九宮的人這麼跟外國有緣。不過，金星九宮雖然有異國緣，但金星九宮一定要出國才會有桃花。金星九宮的人不會不出國而在台灣跟外國人談戀愛，而他們出國時發生的異國戀情，也未必一定是外國人，他們也有可能在國外跟台灣留學生或華僑談戀愛。

金星人馬喜歡旅行，也不排斥跟外國人談戀愛，你不會看到一個金星人馬的人討厭吃外國食物，他們喜歡各種異國的人事物。

金星人馬的人對於藝術的喜好都與人馬特質有關，如果他們從事創作工作，他們的作品中一定會有大量的冒險、旅行、幽默與異國文化的元素，例如《金銀島》的作者史蒂文生（Robert Louis Stevenson）、《愛麗絲夢遊仙境》的作者路易斯卡羅（Lewis Carroll）、《格列佛遊記》的作者斯威夫特（Jonathan Swift）、《湯姆歷險記》的作者馬克吐溫等人都是金星人馬。

金星人馬的人喜歡用誇張的方式表達情感，像金星人馬的名導演費里尼，就以華麗的風格著稱。金星人馬喜歡不尋常的世界。你很難看到金星人馬的創作者會走自然寫實或社會寫實路線，他們一定喜歡比較喜歡奇觀、幻想或冒險的故事，他們喜歡離開一般世俗的限制。

金星人馬不管男女都喜歡交朋友，也很樂於為朋友付出。一般人老了不太容易交新朋友，年紀越大朋友越少，可是人馬特質強的人可以一路交朋友到老。金星人馬的人喜歡新朋友與新經驗，喜歡幻想、討厭限制，因此金星人馬的人其實不喜歡一對一的固定伴侶關係。他們雖然不見得一定會出軌，但是他們在情感上並不專一。

金星人馬男生會特別喜歡活潑、外向、大方、好動、爽朗的女生，他們對於嬌羞扭捏的女生沒興趣。影星艾力克鮑溫（Alec Baldwin）的金星就在人馬，他的太太金貝辛格（Kim Basinger）就是非常標準的運動型美女。

金星人馬的女生通常都是有幽默感、好動、大方、運動型的人，她們看起來充滿活力，有小男生氣質，絕對不會太女性化。她們喜歡自己看起來矯健、年輕，像影星珍芳達（Jane Fonda）就是金星人馬，她推出的健身錄影帶可能比她的演藝事業還成功。

火星人馬

火星人馬在行動上特別有活力，他們絕對不是輕手輕腳的人，如果有剋相，就很容易因為不小心而常常打破或弄壞東西，如果火星相位好，代表他們的行動很幸運，容易把事情做好。

火星人馬的人通常喜歡開快車，他們喜歡旅行及運動，而且在運動方面很大膽，很敢做一些冒險運動，雖然不見得真有那個能力。在我認識的朋友中，跳過飛行傘、高空彈跳的都是火星人馬，他們都敢在四五十歲的時候做這種事——一個人如果年過四十還敢去做這種冒險，火星一定不是在人馬就是在寶瓶。

此外，火星人馬喜歡的運動中相當特別的是騎馬，我認識的火星人馬有些人是從年輕時就參加騎馬隊，有些人只要去外國有機會就會去騎馬。

火星人馬之所以動來動去、停不下來，其實原因在於他們的專注力不足，持久力不佳。有別於一般人的認知，火星人馬對於性並不是很有興趣。他們在性上面既不執著，也不持久。他們並不是討厭性，而是人馬會使火星的性能量特別容易被轉移。性常常會讓他們覺得無聊，因為性是很低階的能量，它是生命中的原欲，當一個人生命中的興趣太廣的時候，會把這個欲望轉為旅行、哲學、運動等等，這樣剩下的原欲就不夠強。

人馬天生喜歡新鮮的人事物，火星人馬的人對於結交新朋友很感興趣，不管是同性或是異性，因此被人認為桃花很旺，但是他們感興趣的是交朋友而不是上床。對於火星人馬來說，年輕時性還算是一件值得嚐鮮的新鮮事，但是過了中年以後，他們對性的興趣不大。所有人馬很強的人都不是很色的人，他們可能很喜歡跟伴侶聊天，參加很多活動，但是人馬的能量會讓他們沒有耐心在床上搞太久，寧可趕快結束去做其他事。

木星人馬

木星人馬的人生命當中很重要的學習會跟異國有關，外國的人事物對他們很有利。他們很適合出國念書，或者從事跟外國文化及國際貿易有關的工作。

木星人馬適合從事任何跟拓展有關的工作，例如哥白尼（Nicolas Copernicus）在天文學上的拓展，諾貝爾文學獎得主赫曼赫塞（Hermann Hesse）在哲學與文學上的拓展，他雖然是德國人，可是對佛教很有研究，小說《流浪者之歌》是文學史上的重要作品。

很多木星人馬的人很有語言天分，像赫曼赫塞就精通好幾種語言，所以他們也適合到國外擔任通訊員之類的工作。木星跟出版有關，所以木星人馬的人也適合做出版，例如英國浪漫主義代表人物威廉布萊克（William Blake），他既是詩人，也是出版商。

木星人馬有好相位的話也很適合去當運動員，他們在運動領域會有很好的發展。此外，木星與人馬都跟宗教有關，木星人馬的人跟宗教有緣，教宗若望保祿二世（Ioannes Paulus II）就是木星人馬加上冥王星的好相位，才能夠在宗教界掌握龐大的權力。此外，伊朗政治強人柯梅尼

（Ruhollah Khomeini）也是木星人馬，他不但是伊朗的國家最高領導人，也是伊朗的宗教領袖。

土星人馬

人馬星座的能量在於追求新鮮有趣，而土星人馬的人往往會把人馬領域的東西變得很嚴肅。他們喜歡嚴肅的哲學，特別看重知識，喜歡自己去學很多東西，對於知識會有一套很嚴格的自己建立的信仰。他們算是人馬當中嚴肅的思想家、嚴肅的知識份子。我自己是土星人馬，也認識很多土星人馬，我發現很多土星人馬的人絕對具有博士的實力，但是他們都沒有去讀博士，例如唐諾、陳文茜、詹宏志。

土星人馬的人跟學位比較無緣，他們不像木星人馬跟高等教育這麼有緣。他們不是不喜歡追求知識，但一方面沒有緣分，而且常常因為看重知識，對知識的興趣太廣泛，反而沒有耐心鎖在象牙塔去念博士、拿學位。

天王星人馬

天王星進入人馬，代表人馬領域包括交通、旅行、教育、哲學相關的事物，會有巨大的創新與改革。天王星在一九八一年到一九八八年進入人馬，當時有許多教育改革的措施，健身與各種運動開始受到重視，許多非主流的新興宗教開始在全世界流行。

天王星人馬帶來全世界第一波出國旅行的熱潮，在八〇年代以前，出國旅行非常昂貴，我的公公婆婆在一九七六年參加旅行團，去歐洲旅行了二十一天，旅行的費用可以買一間房子。而八〇年代隨著旅遊業、交通業的發展，尤其是機票費用的大幅降低，出國旅遊不再是遙不可及的夢想。

人馬跟外國有關，天王星人馬也是國際關係發生很大改變的時候。這段期間戈巴契夫（Mikhail Gorbachev）上台實施經濟改革與開放政策，但因為經濟壓力和政治情勢，蘇聯對於東歐等地的掌控力減弱，埋下蘇聯解體的伏筆，並且在天王星離開人馬進入摩羯時徹底解體。

海王星人馬

一九七〇年到一九八四年海王星進入人馬，這個時候全世界的人都開始對人馬領域的運動、宗教、異國相關的事情懷抱很大的夢想。

天王星代表革命，海王星代表夢想，海王星進入人馬時，整個世界對於禪、存在主義這類思想有很強的渴望，這種集體意識的渴望到了一九八一年，當天王星也進入了人馬之後，成為整個世界的風潮，許多新興宗教在那個時候大行其道。

海王星人馬時誕生的人對於宗教很有理想，例如創立路德教派的馬丁路德（Martin Luther）不但海王星在人馬，天王星也在人馬，當年他發起了宗教改革，新教教會陸續成立，基督教世界從此新教與天主教分庭抗禮。

一九七〇年代全世界對於人馬領域的事物，都逐漸由夢想成為熱潮。全世界在這段期間經歷了石油熱與石油危機，國際貿易也在這個時候開始發展，日常生活中經常用到外國貨，這是七〇年代才逐漸開始普遍的情況。海王星在人馬的人天生很有想像力，例如《白鯨記》的作者梅爾維爾，異國文化對他們來說具有夢幻般的吸引力。

冥王星人馬

冥王星從一九九五年到二〇〇八年進入人馬，這段期間很多跟人馬相關的事物，包括運動、旅行、宗教開始變成大企業。例如美國職籃球星在奧運期間組成的夢幻籃球隊讓全世界認識了ＮＢＡ的魅力，美國職籃就在這段期間走向全球化。慈濟在這段期間也隨著電視台的成立，企業的規模越來越大。

冥王星進入人馬時，不管是知識的擴張、財富的追求，或是宗教組織的擴張，都會形成權力的衝突，例如法輪功。由於木星也跟異國有關，冥王星進入人馬也會使國與國之間的對立越來越嚴重，尤其負面的冥王星人馬一定會帶來政治的衝突，從一九九五年之後西方世界與回教世界之間的衝突越來越大，九一一事件就是發生在這個年代。

Chapter/10

摩羯座

由於摩羯座歸土星掌管，所以摩羯座最能理解與接受現實世界的邏輯，他們非常實際。

摩羯座本身不太戀舊，這一點跟巨蟹不同，他們特別強調人往高處走，他們不喜歡不成功的人，因此當他們往高處爬的時候，就會淘汰舊朋友。假設以前他們是工人，後來當了老闆，就不會再跟以前的工人朋友往來了。如果他們一直超越你，就不會把你留做朋友。他們永遠只跟當時他們覺得重要的人做朋友。

摩羯座看待事情依據的是事情本身實際狀況，他們不會做夢、不會異想天開也不會照著自己的期待去看待事物。他們很能接受事情是什麼樣子就是什麼樣子，因此在現實世界中常常會比別人適應得更好，因為他們知道現實的真相。他們不會像寶瓶座的人想去改變不喜歡的事情，也不會像雙魚座的人遇到不喜歡的事情就假裝它們不存在。

由於他們重視現實，因此重視傳統的價值與權威，他們看重既有的權力，也看重既定的制度與法律。也因為具備這樣的特質，所以他們在現實生活中惹出麻煩的機會就很少。

太陽摩羯

太陽摩羯不分男女，當事人都會有一個很嚴格而冷漠的父親，即使太陽的相位不錯，他們的童年也都不會過得很輕鬆。太陽摩羯童年很容易感覺到生命的匱乏，很多太陽摩羯的人都誕生在比較貧困的家庭，即使家境小康，他們的父母也會很吝嗇，常常會在物質方面給予他們很多限制。他們不像人馬相信聖誕老人會大方的送禮物，他們不相信天上掉下來的垂手好運，他們從小就體驗到如果想要什麼東西，就必須靠自己努力賺取，天下沒有白吃的午餐，人生大不易，自己要為自己負責。

他們從小就發現一般小孩子使用的伎倆不管用。自己該做的事情一定要做好，否則會被大人責備，大人說什麼，就得好好照著做。太陽摩羯的性格使得他們不會用撒嬌的方式去跟別人相處，他們從小就不會很放任，不會跟大人吵鬧，因為他們覺得自己沒有吵吵鬧鬧的資格；他們也不會向大人撒嬌，因為他們不相信撒嬌能為他們贏得什麼——他們小時候或許曾經撒嬌過幾次，但是什麼都要不到之後，也就不會再撒嬌了。太陽摩羯的成長環境，尤其是父親對他們的嚴格態度，會讓他們很清楚的感覺到撒嬌是沒用的。這就像是如果一個小孩從小哭的時候沒人理，他一輩子就都不會用「哭」做為要脅的手段，因為沒有用。

所有的太陽摩羯在三十歲以前都很自卑，因為太陽摩羯的能量屬性最不適合兒童跟青少年，他們小時候不可愛，青少年的時候又不吸引人，通常我們會期望一個小孩子看起來頑皮可愛，看起來很天真，這一點太陽摩羯做不到；我們會期望一個青少年看起來青春洋溢，散發著年輕人的亮眼能量，這一點太陽摩羯也做不到，例如太陽摩羯的女明星翟俐，一般人大概不會覺得高中時期的她很漂亮，因為她看起來有一種少年老成的感覺。但當一個人年過二十五、三十歲之後，我們會期望看到這個人看起來具有沈穩的氣質或散發成熟的風韻，這就剛好到了適合太陽摩羯能量發揮的階段了。因此很多太陽摩羯在他們年紀大了以後，會越來越進步、越來越有魅力。

太陽摩羯做事很認真、很有紀律、很有責任感、很努力，這是因為太陽摩羯在年輕的時候無法憑藉著自己的外貌受歡迎，從小也不是伶牙俐齒型的人，他們外形不突出，又不善於用語言去交朋友，因此只能很實際的去把事情做好。人與人之間相處最大的動機，就是希望獲得人家的認同，如果這個人一出現就已經輕易的獲得別人的認同，他們就不需要再多花力氣在做事上獲得認同了。對於在年輕時期就常受到注目的人來說，他們只要把自己打點漂亮，或者只要很會說話，只要自己這個「人」被別人喜歡，他們就不必花太多時間做事，也不必花很多時間去學習做事的方法，或者很努力、很負責。但對於太陽摩羯來說，既然無法讓別人重視他們的「人」，於是特別在乎自己做的「事」。

很多太陽摩羯在公司或組織中都會從最基層做起，他們可以在一個公司裡面做很多年，從基層慢慢往上爬，但不太可能一舉爬上最頂層的職位。他們上面通常都會有一個非常有特色、非常有才氣的主管，比如神采奕奕、才華洋溢的太陽人馬，或者充滿夢想、長於社交的太陽雙魚，這些人看起來都會比太陽摩羯的人看起來更突出，因而很輕易的坐上主管的位子。但是這些人或許可以想出許多絕佳的好點子，卻往往缺乏耐心、不太負責，難以長時間待在辦公室裡面應付公司內的瑣事。太陽摩羯則相反，他們在三十歲以前都不會展現亮眼的才氣，但他們很能應付公司裡面的事務，很有能力擔任副手，那些天才型主管們的爛攤子，往往也都是這些太陽摩羯副手們在收。

太陽摩羯不會讓人覺得他們特別出色，很難在一開始的時候就被人拉拔，第一把交椅一開始都輪不到他們坐，但是他們會讓人覺得很穩固、很可靠，當他們上面這些天才型太陽人馬、太陽雙魚、太陽獅子不走運，尤其是跟公司高層吵架得走路的時候，對公司事務最熟的太陽摩羯就會在這種特殊的狀況下坐上第一把交椅。由於個性保守謹慎，不太會出狀況，因此當他們坐上領導人的位子，就會坐很久。太陽摩羯真正的能力與特質，在他們坐上第一把交椅時就會顯現出來了。前總統李登輝就是最好的例子。

相位很好的太陽摩羯通常三十歲到四十歲之間就會成功，如果相位中等的話，大概要四十歲或五十歲才會慢慢成功，但不管是哪一種，太陽摩羯都是在我認識的人中，最認真學習名牌優點及高尚生活的人。太陽摩羯服從權威也顯示在他們對名牌的態度上，他們都是名牌的服膺者。當他們有能力可以買名牌的時候，他們會是擁有最多名牌的人。

他們非常相信主流價值。比如我認識很多不算十分有錢的太陽摩羯座媽媽，她們都是我認識的中產階級媽媽中，她們是最肯花錢培養小孩，讓小孩能夠擁有資源的人。

不是所有的有錢人都會想要把小孩送入名校，比如太陽人馬或太陽寶瓶的家長，他們往往反而會反其道而行，讓小孩就讀森林小學或者特殊的體制外教育，但是太陽摩羯的人非常相信名校帶來的主流價值，他們是最肯花大錢為小孩請很好的家教老師、送小孩去學才藝，或讓小孩去進名校的人，他們完全不可能送小孩去讀森林小學這種不被主流承認的學校。

權威的建立來自於別人認為它重不重要，太陽摩羯買名牌的時候最關心的是：這是不是大家都承認的名牌。買得起名牌跟相信名牌是兩回事，我認識的有錢人很多，有錢人的家裡不見得會擺滿名牌，比如我認識一個太陽人馬，以前窮的時候家裡用的當然都是爛家具，後來賺了大錢變成了有錢人之後，因為一想到要換家具就頭痛，於是還是繼續用那些爛家具。太陽摩羯第一絕不懶惰，第二相信權威，所以他們一定會去找最好的設計師、最好的家具廠牌。而且他們會根據他們的經濟能力而調整權威狀況，當他們是小有錢人的時候，他們買的是小名牌，當他們變成大有錢人的時候，他們就會去買大名牌。

太陽摩羯非常能夠服務大老闆，他們不怕老闆兇，不怕老闆小氣。很多人會以月薪高低為考量，但摩羯會以這份工作是否具有發展性為優先考量，如果他們認為以後有發展的工作，薪水再低也願意做。

太陽摩羯很懂得什麼是組織架構與政治倫理，他們既不爭先恐後，也不爭風吃醋，年輕的太陽摩羯願意很有耐心的在基層組織中培養各種必要的能力，這個優點在越大的組織架構裡面越顯得珍貴，但是當他們位子爬得越高，當他們掌握權力，摩羯的特質開始出現以後，他們的缺點也會漸漸開始出現。太陽摩羯的邏輯在企業跟政治領域中最為有用，他們在這些領域中很容易成功，但是在這些領域中真正喜歡他們的人並不多，他們靠著服從權威一路往上爬，所以他們也會要求底下的人也要服從他們。除非太陽摩羯的人水星落在寶瓶，否則他們絕對不會讓自己的屬下用很平等或者很自由的方式跟他們相處。

很多太陽摩羯的人都會有筋骨痠痛的問題，因為他們整個意志與精神永遠保持在很緊繃、很克己的狀態。

太陽摩羯如果不做生意或者做政治，如果能夠從事文化及藝術工作的話，摩羯的能量跟藝術的能量互相協調，他們不但也能夠很成功，而且因為生活平衡得多，很明顯的會快樂得多。從事文化領域工作的太陽摩羯因為摩羯的努力、認真特質，他們會比一般文人更腳踏實地、按部就班、腳踏實地、更值得信賴，摩羯座服從權威的特性，也使他們比其他文人更有能力與權貴往來。做生意的太陽摩羯通常到了大約四十歲左右會開始成功，但是才成功沒多久，各種問題就出現——因為人生不是只靠會做事就可以了。太陽摩羯從小到大得到的愛與關懷都不夠，他們就像是在愛與關懷的銀行中沒有存款的人，等他們到了一定的年齡與地位之後，身邊的人期待的就不是事情做得好不好，而是期待人與人之間愛與關懷的交換，當一個人在他的情感銀行中沒有愛與關懷的存款，他們就根本就沒有東西可以給別人。

太陽摩羯的人有一種本質上的殘酷，從事政治領域的太陽摩羯尤其嚴重，比如美國最狠的情報局局長胡佛、中國近代最狠的政治家毛澤東，以及美國最為人詬病的總統尼克森，他們都是太陽摩羯加上水星摩羯。當這些人爬到高位、大權在握，理應要開始付出、給予的時候，他們不但沒有辦法付出，反而不斷的想要更多的權力。

很多人掌權之後喜歡貪點小便宜，例如把自己吃喝玩樂的費用報公帳，或者幫自己的子女在公司中安插職位，但太陽摩羯不屑這些小利，他們想要的是獨攬所有的公共資源。這些獨攬到的公共資源他們未必會拿去私用，但是他們會有很強的欲望想要有權力支配所有的公共資源。

他們對於將公共資源拿一些放入口袋沒興趣。他們要的是整個國家或整間公司的利益由他們來支配，他們要的是大權與大利，他們很清楚達到這個目的的過程中，對於小權小利要格外小心迴避。

太陽摩羯天生很懂政治，越大的政治、越大的組織倫理，他們越懂。他們很能夠承擔責任，在一個公司中，別人或許不肯加班，但太陽摩羯一定肯，他們很願意承擔很多別人不肯承擔的責任，他們很努力、很勤勞、很執著，而且非常能忍。我有個太陽摩羯的朋友，他的學經歷非常好，也進入知名的跨國大企業擔任高階主管，但由於公司退出台灣市場，他整整因此被公司冷凍了兩年，通常像這種背景非常好的人，遇到這種情況會選擇離開，但是太陽摩羯的人不會在這段期間躁進自行創業，即使得要忍受在公司被冷凍兩年，他們也有耐心等待這段期間過去之後重新受到重用，或者靜待更好的機會降臨。

太陽摩羯適合在大企業中由下而上慢慢爬到巔峰，但不見得適合創業，因為摩羯沒有辦法從零開始，沒有人會願意跟著摩羯一起打天下。對一個企業來說，當公司草創時期，通常需要一些具有開創性的領導人來打天下，比如善於創造夢想的雙魚，雙魚有辦法從零開始創出一番事業，讓大家跟著他的夢想一起打天下，但當企業度過草創期之後，公事公辦的摩羯座更符合企業高層的心意，這個時候公司最高的管理階層就會要摩羯坐上高位底定江山。太陽摩羯的人不講情面，即使是生死之交，在利益衝突時，他們也有能力跟對方翻臉，這就是他們的性格中殘忍之處。以公司最高的管理階層的角度來看，不討人喜歡的摩羯正好可以拿來整肅公司。

太陽摩羯對於自己相信的事情很堅持，也很能為此忍受有如長跑選手般的孤寂。太陽摩羯態度可能很溫和，但是為了達到目標，他們可能會用盡所有的方法，不管是聯合次要敵人打擊主要敵人，或者是妥協或者合縱連橫都可以，就算得用上一百種方式，他們也要達到心中的最終目標，絕不中途改變，而且絕不會害怕退縮。

在十二個星座中，我認為摩羯的殘忍應該僅次於天蠍的恐怖。所以我常說我很怕摩羯掌握大權，因為如果只是在一個小公司裡面掌權，他們頂多是一個很兇的老闆，但如果在政治領域上登上很高的地位，又對自己重視利益與殘忍的這一面毫無自覺或無法控制的話，可能整個國家的人都會受到影響。

我必須老實說，無論男女，我幾乎沒有看過太陽摩羯的婚姻生活或感情生活是很愉悅的。他們對婚姻很有責任，很重視成家立業這一類世俗的價值，但是他們缺乏情感的交流，因為他們從童年開始就沒有過過這樣的生活，所以他們不習慣。

以前摩羯離婚的機率比較低，因為即使婚姻生活不快樂，太陽摩羯的人都不會主動想離婚，除非另一半很堅持。對於男性的太陽摩羯來說，另一半要離婚的理由多半是覺得太陽摩羯太過大男人、太無趣，這在以前並不構成離婚的理由；而在所有發現先生外遇不離婚的女性當中，太陽摩羯女性的比例最高，她們不是生性寬容，而是很能忍——只要錢在她們手上，或者能在家中掌權，她們就不會想要離婚。

摩羯崇尚傳統價值，離婚對他們來說是一件很沒有面子的事情。面子跟太陽有關，因此太陽摩羯的人會比月亮摩羯更不願意離婚，月亮摩羯是情緒上保守，但意識未必保守，他們的意識要看太陽落在什麼星座，比如月亮摩羯而太陽在寶瓶的人，就比較會選擇離婚。

太陽摩羯的人其實性欲很強，也很重視物質享受，但他們通常都不會是花花公子。就算私底下有不少性活動，但他們絕不會像牡羊一樣鬧得天下皆知。他們「色」但是不「花」，我們可以這麼說，雙子是花而不色，摩羯是色而不花。「色」純粹屬於對性欲的喜歡，而「花」則是喜歡跟很多不同人在一起的感覺。

太陽摩羯的女性不像男性這麼好色，因為她們是最相信父權及傳統封建價值的人，在這種價值觀下，男性可以好色，但女性則不適合。這跟牡羊不同，牡羊座男女都好色，因為牡羊的好色來自於原欲，而且牡羊不但不受傳統價值的約束，往往還要反其道而行。不過摩羯座雖然好色，他們花在性方面的時間並不多，他們是嘴上的好色鬼，往往說多於做，因為太陽摩羯的人不會沒事花很多時間去追求感官的滿足，包括性欲。對他們來說，工作與事業比較重要。而且不管是太陽、火星、金星摩羯，本質上都有性壓抑的問題，他們的好色也跟性壓抑有關——因為壓抑得很厲害，所以透過用講的來發洩。一般來說，在性方面真正行動力很強的人，絕對不會掛在嘴上，嘴巴很好色的人，其實行動力不強。

月亮摩羯

月亮摩羯的人會有在情感上完全不能付出的問題，如果月亮摩羯跟土星之間有壞相位的話，情況就會更為嚴重，而如果月亮與天王星、海王星、冥王星有相位的話，當事人的情感就比較不會這麼冷硬。

月亮摩羯的童年生活也非常辛苦，很多當事人童年生活中最大的困難來自於母親。我認識很多月亮摩羯的人，童年與母親非常沒有緣分，母親要不是經常不在家，要不然就是因為某些原因得要去別的地方工作。

比如我有個月亮摩羯的朋友，他的童年正值文化大革命，他的母親因此離開北京去青海勞改。由於當事人的父母都是很重視教育的知識份子，雖然通常孩子跟著媽媽比較好，但是這樣的話，孩子教育就會受到影響，於是他就跟著父親留在北京，母子就這樣因為政治因素而被拆散。他從文革開始到十五歲以前，只見過母親兩次，父親照顧小孩的能力畢竟有限，因此他的童年就這樣一直處於缺乏母愛的狀態，過得很辛苦、很匱乏。

月亮跟母親有關，對於一個小孩來說，母親是他們最重要的情感提供者，月亮摩羯的人童年是在情緒上完全沒得到慰藉，所以月亮摩羯比太陽摩羯容易沮喪，他們在人生的發展上不如太陽摩羯堅強。為了適應缺乏情緒慰藉的生活，他們養成了在情感上冷酷的習性，以此保護月亮不受現實生活的傷害，但也因此讓他們長大之後缺乏內在安全感，月亮的情緒常常會受到阻礙而無法流通。

月亮也代表習性與業力，月亮落在摩羯代表當事人在過去世就有這樣的問題，因此這輩子情感會是他們的重要課題，他們才會選擇這樣的位置來投胎。他們生命中最大的問題在於母親，長大之後則常常會有婚姻的困難，尤其是男性當事人，由於情感常常會受到阻礙而不流暢，他們很難跟女性之間培養出很親密的情感關係，跟妻子的相處也常會因此產生問題。

月亮摩羯的女性也不容易跟男性建立良好的親密關係，除非兩人之間有很現實的連結，比如兩個人因為一起做生意而有事業上的關係，又或者兩人之間是政治婚姻，具有政治上的共同利益。

由於代表安全感的月亮落在摩羯，他們通常會有過分注重物質的傾向，他們會把月亮情感上的需求完全轉向對於金錢安全感的執著，將金錢視為安全感來源，因此常會過度小氣，也特別不懂得享受人生。在私人關係中，如果其中一方對另一個人太小氣，表示這個人在情感上是冷酷的，小氣的外在行為是一種表象，顯示了當事人內在情感的冷酷。沒有一個人在愛對方時會對對方小氣，如果非常小氣，就顯示他對對方的愛是不夠的。當一個人對對方小氣，表示他愛自己比愛對方更多。這種小氣的情感關係也是一種控制，它既虐待別人，也虐待自己。

月亮也跟房子有關，如果月亮摩羯的人有錢的話，他們會想要擁有房子，而且盡可能越大越好。他們從小缺乏「家」的溫暖，因此他們轉而用「買房子」來取代。如果他們有能力買五間房子，就表示他有五個家，他們會用物質來作為情緒的替代品。

水星摩羯

水星一定位於太陽前後一個星座。水星摩羯的人，太陽可能會在摩羯、人馬或寶瓶。水星跟太陽都在摩羯的人，比如尼克森、胡佛，都是出了名的冷酷。雷根（Ronald Reagan）雖然也是水星摩羯，但是他的太陽在寶瓶，他就比太陽跟水星都在摩羯的人好得多——如果雷根太陽跟水星都在寶瓶的話，他根本就不會考慮從政，太陽跟水星都在寶瓶的人根本沒有能力在政壇混下去，因為政治跟生意是兩件天下最現實的事情，政治跟選票數量有關，生意跟營收數字有關，這兩件事情都跟權力與利潤數字有關，如果一個人的思考模式不夠務實，就無法在這兩個領域存活。

水星摩羯絕對不會是那種能言善道，很能表達自我的人，但是他們很準確、很實際、很小心，他們很實事求是又很有野心。水星摩羯絕對不會跟你見面了一個小時都還在閒聊，他們會很快的切入正題。

越大的組織對水星摩羯越有利。如果只是開一間小雜貨店，摩羯不容易成功，因為小雜貨店要成功，靠的是老闆跟顧客之間的交情，比如水星雙子的人很喜歡跟人聊天，顧客才會因為這樣而經常光顧。但是如果是在大機構當中，水星雙子可能會因為花太多時間聊天而耽誤正事。如果組織小，水星寶瓶、水星人馬還可能混得過去，組織越大的話，就是要比誰最有耐力、誰最細心、誰最可以加班，所以摩羯適合官僚體系與大機構。

水星摩羯的人不喜歡抽象的東西，除非水星與天王星或海王星有一百二十度的相位，否則他們絕對不可能會去念哲學或現象學之類的東西。水星摩羯代表當事人的心智發展比較晚熟，學東西比較慢，他們小時候常常會覺得自己不像那些伶牙俐齒的小孩那麼聰明，也不夠獨特，但他們長大之後，在越大的組織當中，他們越能發揮心智的能力，因為摩羯的特色在於他們很重視全局，而且既細心又努力。我認識一個水星摩羯的老闆，他看公司帳目時會每一筆都仔細看，而不是只看頭尾就簽名。

這是一種了不起的能力，像我就絕對做不到。這就是水星人馬跟水星摩羯的不同，如果我當上老闆，公司的帳本我一定假裝翻一翻，放個一個禮拜之後簽了名又原封不動的交出去，如果人家要做假帳的話，我一點辦法也沒有。水星摩羯絕對不會這樣，他們一定每一頁都細看。他們真的會花非常多的時間與精力在工作上，因此他們會真的很了解整個公司的各種細節，這種人在公司中怎麼可能會不成功？

水星摩羯的人因為缺乏安全感，往往成也摩羯、敗也摩羯。由於摩羯的防衛心很強。因此胡佛成為史上最嚴格的美國調查局局長，而尼克森則因為竊聽對手引發水門事件下台。

金星摩羯

金星摩羯的女性有一個優勢：她們年紀越大，越有吸引力。她們年輕的時候看起來比較老氣，但當她們年紀增長，她們反而能夠展現出一種成熟的風韻。

金星摩羯的男性喜歡顯得很男性化，女性喜歡打扮得很女性化，他們的打扮風格絕對都很保守。我認識一個金星摩羯的朋友，她認為波希米亞式的衣服根本不叫衣服，簡直是一堆破布。金星摩羯的打扮絕對不會很前衛，不會做波希米亞或者重金屬打扮。打扮保守不見得就不好看或者一定會把自己包得很緊，這是一種美學上的保守，比如露肩、露胸或露背晚禮服，這些都算是保守。

金星摩羯的男性也不會喜歡穿有破洞牛仔褲，或者故意做出皺摺的西裝，他們不喜歡休閒感很重的衣服，他們喜歡看起來正式，喜歡讓別人覺得他們是有「打扮過」的，他們不喜歡完全不加修飾就出門。

金星摩羯的男性也不喜歡自己的另一半打扮得破破爛爛，他們喜歡女性帶有一種傳統的形象與傳統的性感，永遠要看起來很端莊、很正式。金星摩羯的女性也很喜歡很傳統的男性，要看起來很有男子氣概，而且必須要有社會地位。

金星摩羯的人很適合從事任何跟精品有關的工作，因為他們真的相信精品的價值與名牌之美。不管是精品業或者化妝品業，都很適合他們。有在化妝的人、有在穿名牌的人，去從事這樣的行業才有說服力。摩羯代表的是傳統價值，金星摩羯的人賺的也都是傳統的錢，他們天生喜歡跟有錢人往來，他們很喜歡跟有錢人交朋友，而且他們天生對於這樣的環境很有緣分。

金星摩羯不管男女在情感上比較保守而實際，他們不會因為戀愛而昏了頭。他們不太相信一見鍾情或浪漫之愛，也不喜歡跟看起來會惹麻煩或者需要他們付出的人交往。金星摩羯的人也常會為了對方的權力或地位而喜歡一個人。他們的愛是有條件的，他們永遠希望另一半對自己有利。我認識很多金星摩羯的人都會希望先生可以養家，或希望太太有一點嫁妝。他們希望伴侶能夠為他們帶來實際的好處。

金星摩羯的人年輕時特別容易跟年紀大的人交往，因為年紀大的人掌握的社會資源相對較多，比較可以讓人依靠。

有一次有一個金星摩羯的友人告訴我她要結婚，她說了很多對方的優點，但是這些優點都跟實際的條件有關，例如對方的房子很漂亮，工作跟事業都很有成就，但完全沒有聽到她是不是很喜歡對方的長相或個性，所以金星摩羯的人如果遇到很浪漫的人就會有點麻煩。對方可能會因此離開金星摩羯，但如果他們遇到的對象很實際，那就很適合。

也因為金星摩羯很實際，他們一旦決定要跟一個人在一起，通常就不容易分手，但他們絕不會是激情或是溫情的愛人，他們在親密關係中過於冷漠，因此他們的另一半常常會覺得很難跟他們建立真實的情感連結。我有個金星摩羯的朋友從大學就跟她的男朋友在一起，她當時就覺得這個男朋友一定會成為大老闆，結婚之後先生果然後來變成了大老闆，但是等到先生變成大老闆的時候，先生也跟女秘書發生外遇了。這是金星摩羯的女性常常會遇到的問題。

火星摩羯

火星摩羯不論男女，他們在公開場合看起來有點呆板，顯得有點嚴肅而內斂。

火星摩羯的女性喜歡事業成功的男人，而非性感的男人，對方一定要能夠養家活口，不能是一個依賴性強的男性，她們尤其討厭孩子氣、長不大、不成熟的男人，對她們來說，她們的對象一定要能夠達到社會承認的一種成功的主流價值。火星摩羯的男性會喜歡自己能夠表現出男子氣概，要很成熟，不喜歡自己孩子氣，他們都會有一點拘謹，他們往往在私下的領域很放鬆，公開場合看起來就會顯得有些自我壓抑，有點嚴肅、固執，顯得有一點點不安與嚴肅。

很多火星摩羯的人在童年時期都過得很辛苦，因而想要急著長大。他們很重視物質的成就，往往可以白手起家。火星摩羯的人非常有野心，工作起來比太陽摩羯的人還認真。太陽摩羯的認真主要顯現在他們事業的整體佈局，而火星摩羯的認真則在於工作本身。火星摩羯的人對於工作有一種目標導向，但是他們對於整個佈局不如太陽摩羯來得有企圖心。在各種大型組織當中，想要爬到高位，關鍵往往都不在事情本身做得好不好，而在於政治，五十個計劃成功，可能比不過跟五個重要高層的關係好，以這一方面來看，太陽摩羯就比火星摩羯要來得擅長。火星摩羯的人可能會對於自己的工作可能比太陽摩羯更專注、努力，但是不懂得打點公司高層，於是在事業之路上最後很可能會輸給太陽摩羯。

火星摩羯的人天生活力不足，他們童年身體都不好，長大以後也好不了多少。儘管如此，他們做起事來的持久力，往往是那些健康的人都比不上的。健康與工作並不能劃上等號。很多身體健康的人每天忙著打麻將、出去到處玩，但是許多健康狀態很差的火星摩羯每天只做一件事——努力工作。由於火星摩羯的身體活力不足，格外得省著用，因此他們特別要把身體的精力完全拿來用在工作上面。

火星摩羯也常會有性壓抑的問題，他們不是不喜歡，而是知道自己的精力不夠，如果不把精力用於最值得的用途上，就會覺得精力被浪費了，這使他們經常對性感到焦慮。名導演伍迪艾倫的火星就在摩羯，他幾乎所有的電影都在自我嘲笑男性的性焦慮，非常符合火星摩羯的狀況。而當火星摩羯年紀大了之後，反而會喜歡比他們年輕很多的性伴侶，因為年輕的性伴侶往往能夠重新燃起他們對於性欲的火花，比如伍迪艾倫跟自己的養女交往而鬧出緋聞，又是其中一例。

木星摩羯

木星在摩羯的人都是工作狂，木星處女雖然也是工作狂，但木星處女的工作狂中可能還帶有一些服務精神，而木星摩羯的工作狂通常純粹就是為了希望能夠得到事業的成就。

他們的個性上比較缺乏開創性，都是透過循序漸進、服從權威的方式一步一步往上爬，他們都會透過謹慎的方式追求保守的利益，他們對於開創沒興趣，他們傾向用比較保守、老派的方式來獲取最高權力的位置。比如柴契爾、尼克森都以保守主義治國，希特勒則更是獨裁。

木星也代表一個人自我擴張的風格，木星摩羯的人自我擴張的風格是很嚴格而老派的。他們做事的方式與做人的風格，一定會呈現一種老派的樣子。比如柴契爾夫人的套裝，是很有名的老派保守風格。木星摩羯的裝扮穩重、保守，表現方式比較傳統，原因也在於他們追求成功是為了讓世俗眾人欽羨，而保守的風格是最安全的最大公約數。

木星摩羯的人天生就對政治、生意很有興趣，希望能在這些領域中獲得重大的成功，而他們在這些領域也會比較幸運，比如柴契爾夫人、希特勒、尼克森等人的木星都在摩羯。摩羯星座的世俗能量很強，木星在摩羯會更增強這種世俗能量的發展。木星本身是一個智慧之星，它的能量可以從世俗的利益延伸到精神的利益，當它落在摩羯的時候，木星本身的理想化會降低，因而降低了木星的精神利益，但是同時會提升世俗利益的能量，所以對於重視世俗利益的人來說，木星落在摩羯是個滿不錯的位置。

但問題也在於如果木星的能量只在世俗領域中發展，當下固然力量很強，很容易藉由木星的能量功成名就，但事過境遷之後，往往就不會有人再懷念他們。比如到現在美國懷念羅斯福、艾森豪（Dwight David Eisenhower）的人還是不少，但是卻已經沒有人懷念尼克森了。從這裡我們也可以看到，當一個能量在世俗的發展上太強的時候，在那個當下是有意義的，可是事過境遷之後，世俗的能量很容易消逝，木星摩羯就是這樣一個很明顯的例子。

土星摩羯

土星摩羯的人適合去從事很辛苦、很困難，而且跟傳統有關的工作。很多土星摩羯的人會去從事考古及人類學的工作，比如美國的知名人類學家瑪格麗特米德（Margaret Mead）的土星就在摩羯。摩羯座本來就是一個跟傳統有關的能量，而土星摩羯則會使當事人去深入探索傳統之路，在學術研究的領域當中，很多工作可以靠著空想而做得出來，但考古及人類學需要很多的探勘及田野調查，這是一個很辛苦的工作，往往努力了很多年還不見得能看到具體的成果。此外摩羯與傳統、古老的事物有關，探索最古老事物的科目大概就是考古及人類學。

不管是政治領域或者學術領域，在落入摩羯的各個行星當中，土星摩羯的人都會付出更多的時間與努力，但他們有能力去擔任起這樣的重任。他們會常常碰到別人對他們權力的挑戰，也比較容易受到外在權力對他們的壓制，他們的事業之路會比木星摩羯要辛苦很多，成功得來不易。戈巴契夫是其中一個很好的例子。

我們拿戈巴契夫與柴契爾做個比較，就可以知道木星摩羯跟土星摩羯兩者的差別。這兩個人當權的時間雖然相近，但是戈巴契夫花了很多年的時間才爬上總書記的位子。雖然大家覺得戈巴契夫的知名度很高，事實上，戈巴契夫在總書記的位子上的時間前後不過五年，但他在這五年中打開了共產國家的鐵幕，讓整個蘇聯有了巨大的改變。

現在大家恐怕已經不記得戈巴契夫是怎麼下台的了，剛好一九九一年他下台的時候我在歐洲旅行，因而對這個事件記憶猶新。那天我們大約晚上十二點多才到達德國漢堡，由於第二天就要前往丹麥，於是就近找了一間小旅館住一晚，小旅館裡頭只有德語頻道沒有CNN，新聞台一直反覆播送著關於戈巴契夫的新聞，我一度還以為他被槍殺了——戈巴契夫額頭上有一道疤，平常還不這麼明顯，在那天的新聞中，那道疤看起來簡直像一道血跡。由於我滿喜歡戈巴契夫這個人，那天晚上我因此睡得很不安穩。

第二天一早我們動身前往丹麥，到了之後第一件事就趕快找旅館，還先確認旅館有CNN。這才知道原來俄國發生政變，戈巴契夫被抓到黑海附近的一個小地方談判了三天，三天之後戈巴契夫宣告下台，政變隨之落幕。也就是說，戈巴契夫下台的原因並不是正常的政權更迭，而是因為政變。我們可以說，由於土星摩羯的壓制，戈巴契夫在政治上面並不幸運，但是，一個在政壇之路不幸運的人，後來卻可能會成為後人懷念的政治人物，而一個在政治上很幸運的人，比如希特勒、尼克森，下台之後就沒有人會懷念他們了。

因此，我們學習占星的時候不能單從行星落入的星座來評斷好壞，比如木星摩羯的人有可能可以藉由木星的能量達到高位，當時當事人可能會感到很幸運，但是未必對於生命的演化很有價值。摩羯座最想要的其實是對於社會的影響力，雖然土星摩羯的人在權力之路上受到很多阻礙，但是他們反而可以成就更大的功業。

天王星摩羯

近代天王星有兩個時期位在摩羯，分別是一九〇四年到一九一二年，以及一九八八年到一九九六年。

天王星摩羯代表當時在摩羯的限制與世俗導向的世界中，會出現一個巨大的改變。一九八八到一九九六年最大的改變，就是整個世界進入了高科技產業的時代，台灣從聯電開始，之後華碩等公司跟進，其實我們現在所熟知的高科技產業，發展至今不過二十多年，都是從天王星摩羯時開始起步。

天王星進入摩羯代表世界上的大企業、大生意或者巨大的組織機構，在這個時期會有巨大的改變與成長，也代表了跨國企業的擴張。這段時間在經濟方面也有重大的變化，這個時期全球經歷了泡沫經濟的危機，保守的唯物主義與金錢崇拜先被高科技產業帶來的利益衝得更巨大，台灣的房地產在這個時期漲了三五倍，全世界的金錢流量之大，恐怕連之後的二三十年都難以望其項背。

前一次天王星在摩羯是一九〇四年到一九一二年，天王星對於傳統的衝擊力量更大。這個時期正值第一次世界大戰爆發的前夕，世界經歷了近千年歷史的俄國王朝結束，以及四百年歷史滿清帝國的結束，天王星在摩羯代表原本的封建主義會受到巨大的挑戰，在這個時期，全世界很多古老的封建帝國瓦解，新興國家誕生，封建主義與傳統社會到此結束，整個社會也傾向較為個人化的方向發展。

海王星摩羯

天王星在摩羯是一九八八到一九九六年，海王星在摩羯是一九八四到一九九八年，天王星與海王星同在摩羯的時期，大概是過去二三十年中，整個社會的集體意識最拜金的時期。在這一段時間當中，不只天王星帶來高科技產業讓摩羯保守的世俗價值產生巨大的改變，同時海王星也使得大家會把世俗價值理想化，把它當成崇拜的幻夢。

回想一九九〇年代的重要關鍵字，就可以得知當時拜金主義正是當時社會上最主流的價值。比如當時被稱為雅痞世代，最強調的是要穿怎樣的名牌、過怎樣的生活，當然其中最重要的是你賺了多少錢。海王星在摩羯的時候，保守價值的世俗成功，普遍成為人們最重要的追求目標。雅痞世代笑貧不笑娼的思考邏輯也成為整個世界的主流意識。

海王星使得摩羯代表的世俗價值被大家神化、物質主義被大家理想化。其實海王星進摩羯之前，大家並沒有這麼強調金錢的價值。但海王星也是一個會讓大家失望的能量，海王星進摩羯物質世界的價值被過度推崇，整個社會也因為金錢至上的價值觀而帶來很大的負面影響，接下來的泡沫經濟等社會問題，這些都跟海王星夢想與幻滅有關。

海王星在摩羯的時候，美國正值雷根總統保守主義當政，台灣主政的國民黨，強調的也都是安定保守，全世界都以保守主義為主流價值，推崇經濟擴張的價值與世俗成功。只要經濟不出問題，就是當政者的政權保證。但是到了天王星、海王星進入寶瓶之後，不管是美國的共和黨或是台灣的國民黨就輸掉了政權。

前一次海王星在摩羯的時期是一八二〇到一八三四年，當時是工業革命跟美國的清教徒主義最昌盛的年代，在這個時期以前，人類並不會特別覺得金錢至上。當時社會學家韋伯提出來的名言「A mighty dollar.（金錢是神聖的，金錢萬能。）」成為主流價值，整個世界的思潮都很崇尚工作價值、物質成功與白手成家。

海王星進入摩羯也代表傳統價值與保守美學被理想化，在藝術史上，一八二〇到一八三四年是新古典主義最流行的年代，而一九八四到一九九八年則是後現代主義最流行的時期，這兩種主義其實很相像，新古典主義重現了古希臘、古義大利、古埃及金碧輝煌的建築風格，而所謂「後現代主義」的「後現代」指的並不是「現代」，而是「古典」，它是將古典主義的元素做出現代的詮釋，所謂「後現代主義」，就是將古典的東西拿過來運用在現代生活中。而不管是巨大的神殿、柱子或者雄偉的雕刻，強調的都是物質世界的美麗。

冥王星摩羯

冥王星進入摩羯代表冥王星的破壞能量進入了保守專制跟公權力與傳統的領域，整個世界會在世俗的物質與政治上產生很大的權力鬥爭。上一次冥王星進入摩羯的時間為一七六二到一七七八年，這個時期最重要的世界大事是美國獨立，一七七三年波士頓茶黨事件爆發，進而要求宣布脫離英國殖民統治，一七七五年美國獨立戰爭正式展開，並在一七七六年七月四日發表獨立宣言。這個事件代表美國對於大英帝國的傳統封建地位產生很大的挑戰。

一七六二年盧梭的《民約論》在法國出版，後世研究法國大革命的學者將這本著作視為法國大革命的思想宣言，人民權利從這個時候開始成為思潮，等到一七八九年冥王星進入牡羊時演變成真正的革命。

天王星進摩羯與冥王星進摩羯都與革命有關，兩者的差別在於天王星摩羯的革命是奠基於革新的思潮，多半會有一些好聽的名詞與口號，比如俄國革命推翻沙皇時，提出的口號是「無產階級人民專政」，中華民國推翻滿清王朝，也是以革命與起義之名要求原本傳統的一方改變。也就是說，天王星摩羯一定是會以「起義」為名要求改革，這不是兩個派系之間權力鬥爭，而是革命。在這個過程當中，革命成功的一方會取代舊的那一方，而舊的一方，比如俄國王朝、滿清王朝都因為革命而消失了。

而冥王星摩羯的情況則不同，冥王星摩羯往往伴隨戰爭，戰爭的雙方都是獨立的個體，冥王星摩羯代表兩個獨立個體之間的權力鬥爭。戰爭結束之後兩個獨立的個體依舊存在，比如美國獨立之後大英帝國還是存在，但是彼此之間的權力狀態改變了。

Chapter/11

寶瓶座

占星學初學者很容易將「星座」跟「宮位」混淆。星座是能量的展現方式，而宮位是事件發生的領域。兩者的確有相似之處，因此一宮也稱為牡羊宮、二宮也稱為金牛宮，以此類推，但不能混為一談。

至於寶瓶座跟被稱為寶瓶宮的第十一宮有什麼不同呢？舉我自己的例子大家就會知道其中差異。我自己的本命星圖中並沒有行星落在寶瓶座，可是我的太陽、木星、金星都在十一宮，也就是寶瓶宮。我從小對於自由開放、黨外、無政府主義、占星學、世界大同的理念很有興趣，而且也有緣分去接觸與從事這些事情。又如列寧、佛洛伊德、榮格等人也是十一宮很強的人，他們或許做革命、做心理協會，但是他們的十一宮中的行星有可能是落在天蠍、金牛、雙魚，這意謂著他們是運用了天蠍、金牛、雙魚的星座能量，來從事十一宮領域的世界大同的事情。

寶瓶座則不同，假如一個人是太陽寶瓶，他可能思想很前衛、很特立獨行，但如果他們十一宮不強，他很可能就沒有緣分可以遇到一群跟他們志同道合的夥伴，也不會去做十一宮寶瓶宮的那些跟喚醒大眾意識有關的工作。他們落在寶瓶座的太陽可能落在十宮、三宮、五宮、九宮等等宮位，他們就可能會去開科技公司、寫詩、畫漫畫、研究變態心理學、用自然農法種茶葉，他們的能量是寶瓶座特立獨行的能量，但是做的並不是十一宮的事情，也不見得會像十一宮很強的人那樣有緣分站上世界舞台，因為組成某一個協會，或者鼓吹某一個思潮而廣為人知。

寶瓶很強的人往往喜歡動物勝過喜歡人，太陽、月亮、金星、火星寶瓶的人尤其明顯，他們往往對動物有一種特別狂熱的情感，我的火星寶瓶朋友中，就有養了七八隻狗，每天跟狗一起生活的人，寶瓶座有著萬物平等的信仰，但人與人之間的關係很複雜，往往在跟動物相處的時候才找得到萬物平等的感覺。此外，寶瓶的想法不受傳統侷限，對於寶瓶來說，親密關係的定義不見得非得限定在人與人之間，因此很多寶瓶跟動物的關係很親密，跟人的關係卻相當疏離。

太陽寶瓶

在所有認識的人裡面，我覺得太陽寶瓶的人最怪。基本上每一個星座都有怪人，可是我認識的每一個太陽寶瓶都怪。

寶瓶不受社會約束，不過他們不見得會出來跟社會對抗，他們的怪其實只是跟一般人不一樣，他們骨子裡的特立獨行並不是一種意見發表，他們根本不在乎別人的眼光。

每個互相一百八十度的星座都是一個銅板的兩面，它們具有相同的本質，展現能量的方式卻相反。寶瓶跟獅子互為一百八十度，這兩者都很有自信，但獅子座喜歡自己被大眾喜歡，他們需要從被人稱讚中去肯定自己，而寶瓶不需要，寶瓶有一種內在的自命不凡。所以寶瓶才是真正的有自信。

太陽寶瓶不管男女基本上與父親無緣。但他們的狀況既不是太陽摩羯那種父親很嚴厲，也不同於太陽雙魚的父親受苦，而是他們與父親關係很疏遠。有可能是父親長年不在家，也可能父親雖然在家但是好像不存在，沒有子女什麼來往。如果太陽寶瓶本身受剋，他們的生命就會因為父親遭到意外而改變。有人可能童年時父親過世，於是跟著母親改嫁到別的家庭，也可能原本家境富裕，但因為父親意外過世，財產凍結或被親戚侵佔，家境忽然變得很貧困。

對於女性來說，太陽除了跟父親有關，也容易投射在丈夫身上，太陽寶瓶的女性因此容易跟丈夫比較沒有緣分；對男性來說，太陽會是他們自我意識的展現，太陽寶瓶的男性比較難穩定下來，不結婚反而好。「不結婚」在以前的社會並不是一個選項，很多老寶瓶當年因為社會壓力而結了婚，他們的太太跟小孩就很倒楣。他們雖然結了婚生了小孩，但是可能把太太小孩放在老家，自己跑去別的地方工作，幾乎不跟家人來往，自己過自己的生活。

儘管太陽寶瓶的人不見得會是出名的人，可是他們一定會有一個能量讓他們在人群中跟一般人不同。不管他們來自什麼樣的家庭背景，最後所有太陽寶瓶的人都會有種相似性，就是他們都比較奇怪，都很反傳統、標新立異、與眾不同。

太陽在寶瓶的人，他們都會有一些獨特的創意，而且會跟當時的新思想、新創意，或者某些新技術、新科技有關，甚至領先潮流好幾步。例如我十幾歲的時候認識一個太陽寶瓶，當時他就已經在新店烏來山上領了一塊地，弄一個有機花園，自己挑肥施肥，完全不用農藥。這件事情現在來說不稀奇，但在二三十年前很稀奇。他沒有在國外待過，所以並不是因為受到外國影響才這麼做。又例如漫畫家蔡志忠、水瓶鯨魚，他們的表達方式都比較獨特，而且他們都喜歡高科技，你很難發現寶瓶座的人不喜歡電腦，像蔡志忠在很多年前就開始使用電腦，算是第一代電腦人。

很多寶瓶不太喜歡與人來往，不喜歡與人有太親密的關係，他們在以前的時代會比較辛苦，一九九〇年代時天王星、海王星都進入寶瓶後，讓很多寶瓶可以藉由網路與人連結，藉由網路世界發揮所長，又不需要跟人有太緊密的接觸，這對於寶瓶很強的人很有利。

可是我也認識一些太陽寶瓶的人因為網路而受害，如果他們的太陽嚴重受剋。當古怪的太陽寶瓶受剋時，會視嚴重程度而有從小變態到大變態的差別，小變態可算是一種無傷大雅的特別，但我認識一個在網路公司工作的太陽寶瓶男性有喜歡小女孩的癖好，他透過網路認識了一些十多歲的小女孩，結果就與未成年少女發生性行為而坐了好幾年的牢。在以前沒有網路的年代，因為難度高，這些事情反而比較不容易發生。

很多太陽寶瓶的人擁有讓人覺得獨特到近乎天才的特質。例如詩人羅智成，他十幾歲的時候詩就寫得非常好，以前我們讀他的詩都覺得沒有人可以超越十七歲的羅智成，包括他自己。可是有些太陽寶瓶的人會讓你產生一種錯覺或困擾，他們會讓你覺得他們天生就很開放、激進，觀念很前衛進步，如果你在他們年輕時就認識他們，一定會覺得他們的價值觀非常獨特，可是隨著太陽落入宮位的不同，他們會認同那個宮位的目標，因此反而他們到了一定的年紀之後，這種獨特性就不那麼明顯了。

太陽寶瓶的人很多水星會在摩羯，太陽寶瓶的這部分一定會讓他們顯得跟一般人很不一樣，可是如果太陽寶瓶配上水星摩羯，他們就會呈現出個性很前衛，但是思考很保守的矛盾現象。比如我認識一位老先生，他的個性很前衛，他從事的是研究工作，研究的領域也很前衛，個性也挺古怪，不太喜歡跟人打交道，很多人都覺得他是個怪人。可是他見到人會很關心你賺多少錢，在什麼地方做什麼職位，也很關心什麼東西要多少錢這類事情。這就是太陽寶瓶水星摩羯的衝突。摩羯與寶瓶這兩個能量是很相反的，彼此的歧異很大，因此會讓人覺得最古怪。儘管水星必然落在太陽的前後一個星座，但是歧異性不見得很大，例如太陽獅子喜歡出鋒頭，配上水星巨蟹會讓他們比較害羞，或者太陽人馬的人水星如果落在天蠍，講話就會比較謹慎。但這些都不像太陽寶瓶水星摩羯這麼讓人感到突兀。

如果太陽寶瓶的相位很好，從事與人無關的事情對他們比較有利，因為他們最不會處理人際關係，因為他們不了解人。因此太陽在寶瓶常會覺得自己很孤單，也容易在親密關係中受到挫折。

寶瓶的邏輯跟一般人很不同，像我認識的寶瓶當中，有的人很不喜歡跟姻親往來，因為他們想不通為什麼姻親也算是親戚，有的人從來不會跟家人打個招呼就跑出去買東西，太太可能在廚房洗碗，洗完碗發現先生無聲無息的就不見了，對於寶瓶來說，他可能覺得自己不過是出門買報紙罷了，他們的邏輯是有狀況才需要報備，但這種狀況會讓他們周圍的人很困擾。

太陽寶瓶有能力寫出很好的電腦程式，但是他們真的不懂人際溝通的道理。因此很多寶瓶移民到美國之類的國家後會感到很輕鬆，因為移民國外可以減少他們跟親戚往來的摩擦，而國外比較疏離的人際關係也讓他們感到如魚得水。

由此可見，太陽寶瓶在越傳統的社會、越需要跟人緊密接觸的領域越吃虧，出生在北歐的寶瓶會過得很輕鬆，出生在中東的寶瓶就會很痛苦。他們適合去處理比較疏離的事物，如果太陽相位不錯，他們從事跟創意有關的高科技工作會很有發展，也適合從事科學研究，像愛迪生就是太陽寶瓶。

月亮寶瓶

月亮寶瓶的人容易跟母親無緣，尤其如果月亮相位不好，像黛安娜王妃，情形就會更明顯。月亮寶瓶的人不見得小時候一定媽媽不在身邊，但他們的母親通常會很特立獨行、很特別。像黛安娜王妃的爸爸是一個貴族，而她的媽媽在她六歲的時候跟一個教馬球的教練私奔，在那個年代，能夠丟掉貴族地位跟一個教練私奔，的確相當特立獨行。

也有一些月亮寶瓶小時候被寄養在外祖母那裡，所以跟母親關係疏遠。月亮寶瓶的人在情緒上比較自給自足，比較冷淡而疏離，原因在於母親是小孩最重要的情緒互動對象，如果小孩從小沒有機會與母親情緒互動，當事人在情緒的發展上就會很封閉，他們缺乏在情緒上了解別人的能力。

不管是太陽寶瓶或月亮寶瓶，他們之所以跟父親或母親無緣，原因都在於他們的父母有點特別，都不太管小孩。換個角度來看，每個人童年時跟父母親的互動，就是在學習與人、社會的互動，每個小孩會從跟父母的互動中建立自己跟世界互動的邏輯。寶瓶在塑造人格的童年時期來自父母權威的約束較少，怪不得長大之後會特立獨行。

此外，如果一個人從小跟父母的互動比較少，從小很少被管，意謂著他們的邏輯都是自己想出來。因此我們常會發現太陽寶瓶與月亮寶瓶常有一個問題，只要是跟人際有關的判斷，他們會有自己很奇怪的一套想法，當他們照著自己的邏輯得出結論，他們就會認為就是這樣了，然後結案，可是他們的結論可能非常不切實際。

月亮寶瓶的人可能小時候常常搬家，他們的童年生活很不穩定，所以他們的內心狀態也很不穩定。月亮寶瓶尤其是有剋相的人，他們的情緒容易不穩，可是卻很不容易熱情，沒辦法跟人產生很親密的情感關係。

月亮寶瓶的人在生命的早期缺乏與人的互動，因此沒有能力察覺別人情緒上的需求。例如太陽巨蟹的黛安娜儘管具有巨蟹的敏感度，但她在婚姻關係上可能根本不了解查理的需要。此外，她也常用月亮寶瓶的這一面在媒體上談論自己的私生活，讓英國女王大為頭痛。英國皇室中只有她敢出來講這些內心事，因為她根本不了解或不覺得這些事情不能公開講。

月亮在寶瓶的人基本上會希望與他人的關係是比較疏離的，但他們還是會有情感的需求，因此他們很喜歡與社團組織有關的活動，因為這種團體能讓他們跟他人產生情緒的連結，卻不需要有很深的情感互動，因此他們其實喜歡社團勝過喜歡家。很多月亮寶瓶的人會把社團當做家，而平常與家人之間不會有很親密的互動。

月亮在寶瓶的人如果是男性會比較好，月亮寶瓶的男性通常會選擇願意讓他們自由的對象，我認識很多月亮寶瓶的男人結婚後都還是很自由，等於過著半單身的生活。女性月亮寶瓶則很容易在親密關係上產生困難，因為她們通常會與男性的期待不符合，所以比較累。

水星寶瓶

水星寶瓶的人對很多事情都會有比較獨立、自由、激進的看法，例如美國獨立革命的領導人之一富蘭克林（Benjamin Franklin），以及前總統李登輝。水星寶瓶的人從小就會挑戰傳統的看法，即使他們的太陽在摩羯，也會比較能夠接受新的思想，不會那麼保守。很多女性主義者的水星落在寶瓶，例如葛楚史坦（Gertrude Stein）、安涅絲寧（Anaïs Nin）。

水星落在寶瓶是一個能量很強的位置，對於寫作、演說或研究另類學問都很適合。水星寶瓶的人也適合從事科技的研究，像愛迪生的太陽跟水星都在寶瓶。水星落在寶瓶也對朋友關係有利，不過水星寶瓶的人比較喜歡談看法見解，他們不喜歡跟朋友談比較親密的個人話題。

水星寶瓶的人能很快抓住新觀念，也會喜歡分享新觀念或新想法，但是在表達意見時，他們不會像水星牡羊或水星天蠍那樣想要說服別人。

水星寶瓶的人對於自己相信的東西很堅持，但是他們都不是狂熱分子。他們會保持一種疏離，他們不是社會運動家，不會去從事搖旗吶喊的工作。他們有一種自給自足的信仰，他們對別人沒有耐心，根本不管別人接不接受，因為別人不接受那是他們的事。他們完全接受自己的信念，這樣其實更不容易動搖。

金星寶瓶

金星寶瓶的人在美學上很獨特，很特立獨行。金星寶瓶的人常被別人認為會很搞怪，品味有點古怪，例如陳文茜從很久以前就開始染頭髮，還曾經燙過黑人爆炸頭。他們的美感會讓人覺得古怪，是因為他們喜歡跟別人不一樣，也不在乎別人的眼光。很多女孩會在乎別人說她的穿著如何，可是金星寶瓶的女性不會在乎，她們只相信自己的判斷。就算被人批評造型很醜，她們也不以為意。

金星寶瓶的人在情感上很需要自由，他們的情感關係可能會很另類、很不傳統。例如法國哲學家西蒙波娃與沙特，兩人一直維持著非傳統的伴侶關係。西蒙波娃的金星在寶瓶，而沙特則是月亮寶瓶，他們兩個一輩子都在交往，但就是沒有結婚，過著分偶的關係。

金星寶瓶在感情關係上很獨立很前衛，金星寶瓶的女性主義者也不少。例如接濟過海明威、費茲傑羅等許多作家的葛楚史坦，她在一百多年前的一九一〇年代就是公開的女同志；一九七〇、一九八〇年代出版過《芬妮：一個聳動的女人故事》、《怕飛》等書，以大膽撰寫女性情欲而聞名的作家艾麗卡容（Erica Jong），以及曾經出版過《內在革命》等書的七〇年代女權主義代表人物葛蘿麗亞史坦能（Gloria Steinem）也都是金星寶瓶。

金星寶瓶的女生特立獨行敢作敢為，金星寶瓶的男生則喜歡風格獨特敢作敢為的女生，所以一個女人如果比較獨特，她可能要找金星寶瓶的男人，因為金星寶瓶的男生不會很保守，也不會希望女人很保守，他們比較可以接受特立獨行的女人。

最相信女性自主意識的就是金星寶瓶，金星寶瓶的人在情感上最要求完全自主的關係，因此金星寶瓶的女性不容易與男性之間建立很傳統的關係。金星寶瓶的人絕對會去自己挑喜歡的對象，這在女性裡面是很獨特的。

火星寶瓶

火星寶瓶的人行事風格很獨特，例如達文西就是火星寶瓶。他們相信自己代表新的潮流，因此愛怎樣就怎樣，根本不在乎別人怎麼想，因此他們也容易自以為是。

火星在寶瓶的人如果從事與別人不一樣的工作會比較有利。原因在於他們的能量通常超前社會主流，例如天文學家哥白尼是火星寶瓶，他是第一個提出地動說的人，我們現在覺得這個不稀奇，但是在他的年代很稀奇，他差點因此被燒死。

火星寶瓶與火星十一宮相當不同。火星十一宮的人對於參與志同道合的組織很熱衷，他們會大量參與這類能夠影響大眾意識有關的活動。而火星寶瓶的人雖然思想與行動很前衛，但他們通常不會很喜歡成為團體中的一份子，火星十一宮的人對於志同道合團體很有行動力，他們往往會代表一個團體、協會、組織，但火星寶瓶的行動都代表他們自己。

火星跟性有關。火星寶瓶的人在性上面很能接受反主流的觀念。一切的性與性傾向對他們來說都是平等的，不管他們自己的性傾向是什麼，他們絕對不會去反對任何不同的性傾向。

火星寶瓶的女生基本上都喜歡怪男生，而火星寶瓶男生則喜歡自己很獨立、很不傳統，他們自己很勇於冒險，所以也不害怕跟獨立、不傳統的女性交往。

火星寶瓶的人不分男女在性欲上都不上傳統思想的約束，他們會有興趣實驗性行為與性伴侶的各種可能性，他們有這種能力與傾向，只是看他們自己要不要而已。所以火星在寶瓶的人其實不適合結婚，因為性行為被婚姻約束這件事，對他們來說很痛苦。

木星寶瓶

木星寶瓶的人在從事跟新觀念、新科技相關的領域時容易有好運，所以他們很適合做科學家與從事新科技相關的工作。像居里夫人（Marie Curie）、發現小兒痲痺疫苗的沙克（Jonas Salk）、愛因斯坦（Albert Einstein）都是木星寶瓶。每個年代都有新的科學、新的科技，木星在一九六一年、一九六二年時進入寶瓶，很多這個時候出生的人在西元兩千年前後天王星、海王星同時進入寶瓶的時候，都在高科技產業或網路業成為新貴。

木星寶瓶的人也很適合從事非傳統的神祕學，例如神智學會的創辦人海倫娜布拉瓦斯基（Helena Blavatsky）就是木星寶瓶。

木星寶瓶的人很適合從事很特殊的領域，他們不適合從事傳統的工作，他們越從事不傳統工作越容易得到好的發展。例如被認為現代舞之母的依莎朵拉鄧肯，就是木星寶瓶，她是第一個把自己從古典芭蕾解放的人。其實後來跳現代舞的人很多都跳得比她好，但他們不是鄧肯，鄧肯之所以是鄧肯，並不是因為她跳得好，而是因為她開創了新的形式與表達，她帶來了一種開創性的意義與時代的精神。

土星寶瓶

土星在寶瓶是很特殊、很矛盾的位置，土星寶瓶的人他們會用一種前衛的方式達到他們所希望的世俗價值，所以你會發現他們需要採取很獨特的方式，但是又很難脫離土星本身的價值。他們會在一種內在的矛盾中同時呈現出不同的價值。例如畫家達利（Dali）、製造出原子彈的科學家歐本漢默（Robert Oppenheimer）、諾貝爾和平獎得主史懷哲（Albert Schweitzer）等人都是土星寶瓶。

西班牙超現實主義畫家達利，他的畫那麼不正統、不主流，可是當年他卻是當年支持法西斯主義的重要人物，他在政治上很保守，可是在藝術上創作上很前衛；歐本漢默當時是第一流的物理學家，不但研究範圍廣泛，還精通包括梵文等八種語言，具有很強的寶瓶能量，但是卻製造出了原子彈；史懷哲在非洲的醫療團體雖然幫助了很多人，可是後來有些報導指出，史懷哲雖然救了很多人，但是目的都是為了讓這些人歸化基督教，背後其實負有政治使命。這些都是土星寶瓶的人會出現的問題。土星落在寶瓶會讓寶瓶獨立性與自主性的特質被扭曲，土星寶瓶的人常會因為受到政治、世俗權力的因素影響了原來的自主性。

不過，不見得所有土星寶瓶的人都會跟政治扯上關係。對於大多數土星寶瓶的人來說，他們最常會遇到的問題都在於他們很想要自由，但是他們的自由卻容易受到限制。土星除了代表政治的權威，也可以是家庭的權威或者社會價值的權威，很多土星寶瓶的人會因為害怕權威而不得不跟權威合作。於是造成他們特別要自由，可是就是要不到的結果。

天王星寶瓶

上一回天王星進入寶瓶的年代為一九九五年到二〇〇三年，前一回天王星進入寶瓶是一九一二年到一九一九年。寶瓶座歸天王星主管，所以天王星進入寶瓶就像回到家，能量非常強。

一九一二年到一九一九年時正值第一次大戰，戰爭往往會逼使人類科技大躍進。人類很多新科技都是拜戰爭之賜，第一次世界大戰時軍用飛機首度用於戰爭用途，到了第一次世界大戰結束時戰鬥機的雛形出現，這也奠定了發展民航機的基礎。一九一二年到一九一九年是一個封建結束，獨立自主意識興起的年代，包括中國、俄國、土耳其等民族國家開始成立。除了國家的自主意識之外，個人的獨立意識也開始被強調，這段時間也是全世界第一波女性與勞工意識興起的年代。

一九九五年到二〇〇三年網際網路的普及則完全改變了過去知識的傳播與思考方式，在這個年代出生的人，也因此具有跟上一代人完全不同的新世代本質。

天王星寶瓶代表了各式各樣離經叛道、打破傳統的事件，一九九五年到二〇〇三年人心思變，許多執政多年的執政黨包括台灣的國民黨、美國的共和黨，都在此時輸掉了政權，此外，中南美洲、韓國、日本等非常多國家也在此時發生政權轉移。

海王星寶瓶

海王星在寶瓶的年代為一九九八到二〇一一年。從一九九五年天王星進入寶瓶之後，網路新科技有大量發展，但網路淘金夢要等到海王星也進入寶瓶之後，才成為全球狂潮。那幾年是「本夢比」時代，而不是「本益比」時代。當時許多網路公司根本處於虧本狀態，本益比完全不能看，於是有人發明了「本夢比」，要投資者把眼光放在公司未來的獲利潛力，甚至還有人宣稱一間公司未來賺錢的能力決定於它可以賠多少錢，現在有辦法賠越多錢的公司，將來翻本的潛力越大。現在想來很可笑，但當時相信的人很多。

海王星也代表救贖，海王星寶瓶也是另類療法與另類科學流行的年代，不管是占星、氣功、針灸、催眠等等與寶瓶相關的事物，儼然成了很多人宗教與救贖。

海王星代表強大的夢想也代表幻滅，所以海王星進入雙魚座後不到兩年就出現網路泡沫化，很多人因此夢想破滅。寶瓶代表著網路世界的新科技，但海王星讓網路世界成為自欺欺人的工具。網路是個夢想世界，很多人會將網路當成救贖。至今網路世界仍然代表某種逃避，海王寶瓶時很多人會進入寶瓶的網路世界尋找逃避世界的方法，運用寶瓶這個工具去逃避真實生活。

冥王星寶瓶

上一次冥王星進入寶瓶的年代為一七七七年到一七九八年，法國大革命跟美國獨立戰爭就在這個時期發生。寶瓶的自由平等博愛藉由冥王星的強化，成為法國大革命的政治能量，美國在發表獨立宣言後，寶瓶的獨立意識也在冥王星作用下由意識形態成為現實。

下一次冥王星進入寶瓶的時間為二〇二四年到二〇四四年，或許就像冥王星進獅子的時候，跟獅子座相關的娛樂業成為大企業一樣，到了冥王星寶瓶的年代，新科技與神祕學相關知識會成為重要產業，變成日常生活的流行商品也說不定。

Chapter / 12

雙魚座

雙魚座並不是一個很容易了解的星座，一般人會以為最神祕的星座是天蠍，其實最神祕的是雙魚。天蠍座會讓人覺得他們夾藏祕密，但其實天蠍座可能只是將生命中的某部分隱藏起來，守著一部分的祕密，他們生命中的其他面向其實相當簡單，因為他們是固定星座。天蠍座就像礦產一樣，局部隱藏於內，但當你挖開來看，礦產也不過就只是礦產而已。或者像我們常認為寶瓶座很怪，可是當我們真正接近他們、了解他們之後，我們會發現，「怪」就是寶瓶座的特質，他們不會變來變去。

只要是固定星座，就算怪或隱藏也都不難了解，十二星座中最難了解，特質最複雜的，就是四個變動星座——也就是雙魚、雙子、處女與人馬座。其中前六個星座由於都是由自我中心出發，所以比較容易理解，雙子雖然變來變去，但其實都是你來我往，跟打乒乓球一樣；處女座雖然規則繁複，但是全都是為了要掌控細節；人馬座變動快、幅度大，大好跟大壞之有一線之隔，當他們發現自己錯了，他們會昨是今非，但是他們立場鮮明，絕對不會左右搖擺。因此，四個變動星座中最難了解的是雙魚。

很多雙魚座一生也會花很多時間試圖了解自我，因為他們的特質很氾濫，不大穩固。

太陽雙魚

太陽雙魚有剋相時，不論男女，小時候都會透過父親感受到人生的苦，他們可能會因為父親而受苦，也可能會因為父親受苦而同情父親。太陽雙魚對於男性的影響比對於女性大，尤其當太陽有剋相時，當事人容易有個不斷生病或虛弱的父親，雙魚的幼小心靈在發展太陽的自我認同時，很容易感受到他們認同的太陽其實是虛弱的，這對太陽雙魚造成的影響很大。對於他們而言，父親的陽性能量難以發揮，就像一直處在陰天一樣，他們可以感受到父親的苦。太陽雙魚有剋相的男性可能一輩子身體都不容易好，體質比較虛弱，容易生病感冒，比較容易有身體問題。雙魚跟整個內分泌、循環系統與水及血有關，很多太陽雙魚的男性都有高血壓或血液相關疾病。

有些太陽雙魚女性的父親是生病與受苦的，可是在比例上比太陽雙魚的男性低，因為對於男性來說，太陽雙魚的受苦容易顯現在父親與自己身上，但對於女性來說，太陽雙魚的苦可能會出現在自己的父親身上，也可能會顯現在丈夫身上，如果她的父親沒有出現這樣的現象時，這種狀況就特別容易顯現在她們的丈夫身上。

雙魚的本質非常敏感與柔軟，他們平常慣用的身段都比較低，很多台灣政壇中的男性太陽雙魚，像張俊雄、李應元、黃義交等等，這些人都有特別柔軟的身段。

很多人也會發現雙魚座有逃避主義的避世傾向。一般人與雙魚座交往一開始時很容易，可是交往到一個程度後關係就會停到那裡，因為他們就像是一團迷霧，他們絕對不會將自己完全交給朋友或愛人，所有雙魚座在關係中都會有逃避與隱藏的特質，這些特質都與他們的脆弱有關。雙魚座具有脆弱的靈魂，他們對於很多事情都容易反應過度，多數雙魚座都不願意與人建立完全水乳交融的關係，他們都想要保持比較安全的距離。

雙魚座的符號中有兩條魚，一條垂直活動，一條水平運動；一條隨波逐流，另一條則逆流而上。

逆流而上、垂直活動的太陽雙魚通常是受到社會認可，表現比較成功的魚，他們的自我驅策力較強。本命星圖中，水星一定落在太陽前後一個星座範圍之內，金星一定落在太陽前後兩個星座範圍之內，太陽雙魚的人如果本命星圖中有其他行星落入特立獨行的寶瓶、吃苦耐勞的金牛與摩羯，就會有比較強的自我驅策力，比較可能逆流而上，社會表現比較好；如果太陽雙魚的人其他行星大部分也落在雙魚，這種缺乏強大驅策力的族群，就容易隨波逐流。

不管是垂直移動還是水平移動的雙魚，永遠都藏有想要成為另一條魚的欲望。對於每天努力躍龍門的雙魚而言，日子實在太累了，這群人並不想要承擔這麼多的責任，他們都懷有想要躺在淺灘上動也不動的夢想；另一種雙魚，雖然每天都在酒館混，每天談戀愛，每天吸毒，一直過著隨波逐流的生活，但他心中也有另一種夢想，更為遠大，不滿足於目前的歲月，即使做不到，他也不會甘於這種隨波逐流與不上進的生活——再怎麼不上進的雙魚都有不安於平凡的特色。

很多星座如果隨波逐流就會喜歡隨波逐流，不會再有其他想像，你絕對不會聽到任何摩羯會說，我不想要繼續爬山，我要好好回去躺在草原上。但任何一條努力向上的雙魚，永遠會想要攤平；想要隨波逐流，任何水平活動的魚，也永遠都會懷抱垂直躍上龍門的夢想。

太陽雙魚有種被我稱之為「廖添丁情結」的特質。這是個很敏感，也充滿同情心的星座，如果你是個可憐與值得同情的人，雙魚會對你不錯，可是雙魚的慈善心與情感，不容易給不可憐的人。他們對於比自己弱的人會很有同情心。

獅子座的人也很喜歡幫助弱者，但這是因為獅子座最討厭跟別人平起平坐，幫助弱者能讓他們展現自己的熱情與慷慨，所以獅子喜歡弱者，不喜歡身邊有太多強者。可是雙魚不同，雙魚很喜歡也很擅長依靠強者，雙魚喜歡依靠強者卻又同情弱者常會造成一個問題，他們會用一些公共資源去對弱勢者提供幫助，這些人很難公私分明，今天如果有人要管帳的話，千萬不要找雙魚座，因為他們會根據自己的邏輯而不是用正常邏輯來管帳，除非本命星圖中有較強的摩羯與寶瓶，他們才會比較小心。

雙魚座的人喜歡成為弱者的救星，但他們通常只提供情緒的安撫，而不提供行動。簡單來說，這些人通常都是說得比做得好，他們也不是騙人，他們內心真的有那種感動，他們真的同情你，你會發現這人願意在你痛苦時花兩小時來聽你談心，可是這個人不會陪你進醫院，不會在你病榻旁邊照顧你，不會做你的護士，不會幫你搬家，也不會做你的導盲犬，因為他們非常欠缺行動能力，也不能忍受痛苦。當你痛苦時他陪你講講話是可以的，可是談到辛苦工作，還不如找個處女座的朋友比較可靠。處女座比較會付出實際行動。

我們家就有很多雙魚，他們會講很多好聽話，可是那些好聽話沒有一個做得到，責任來時他們一定會躲，雙魚座真的很有同情心也很有感受力，但這是個活在理想與幻想的世界之中，而不是活在現實世界中的族群。多數雙魚連自己都照顧不好，即使是事業成功的那種雙魚。

我認識十幾位事業有成的雙魚，沒有一個被我認為是真正能幹的，他們一定都有弱點，有的雙魚可能已經是五十幾個公司的董事長，卻不願意帶手機，找他都得透過祕書，而且就算是祕書也常常得花上兩天工夫才找得到他，其他星座的人不可能這樣經營公司，只有雙魚座的人會用這種避世的方法去面對事業。

一般人很難想像這種狀況——如果一個人這麼喜歡逃避世界，幹麼弄五十幾個公司，掛五十幾個公司的董事長？這種事情應該讓摩羯座去做。像我認識的另外一位出版社老闆就是摩羯座，你找他總是找得到，當然這位摩羯座老闆可能無法像雙魚座老闆一樣可以在那麼快的時間之內就收購七八十家公司，摩羯座不會用像做夢一樣的方式去擴展事業，通常夢的力量會比實際的力量大，做夢或完成夢很快，可是做完夢之後要經營下去其實是很累的。雙魚是做夢者，但他們不是經營者，他們沒有能力經營夢。

雙魚座的人即使是垂直的魚，也永遠不甘心只做垂直的魚，他們永遠會跟你說他想退休，想要躲起來，想要這樣那樣，他們生命中的兩條魚永遠不會碰面，永遠無法下定決心。

垂直的雙魚尤其會願意幫助弱者，有很多垂直型雙魚在公司與事業經營上面，無法分得很清楚，他們都有理想主義傾向，這種傾向通常都跟土星型的性格相反，公司裡面的員工通常都會比較喜歡雙魚老闆而不喜歡摩羯老闆，因為雙魚老闆可能常常不在公司，不會囉唆你。而且就算將你降級或調職，也不會將你薪水減半，也不會拿回你的個人辦公室。所以大部分的人都會願意跟著雙魚老闆。因為他管的就只是編織夢想，在他下面的人都很有自主權。

所有太陽雙魚的人都會有夢想。比方我認識有位太陽雙魚女性，她常說如果有天我賺了錢我就會開家孤兒院，照顧那些孤兒。但所有雙魚座都貪圖享受，也喜歡依靠強者，他們都很有理想主義，但也都喜歡依賴別人，喜歡過比較懶散比較舒適的生活。雙魚座是耽溺逸樂的理想主義者，雖然有想要存錢開孤兒院的夢，但事實是，雙魚座會將自己平常賺的錢拿來吃美食買名牌，晚上喝酒喝到半夜一兩點回家，而且從來沒去孤兒院當過義工。

一個人如果真有心要開孤兒院的話，要做的應該是每個月多省一點吃喝玩樂的錢送給孤兒院，或者是每個月去孤兒院做一兩次義工，而不是將希望寄託在三十年之後。這點土象的處女、金牛、摩羯座也許可以做得到，但雙魚座做不到，他們真的沒有能力，他們會覺得開孤兒院比較不苦，可是每個月花時間出心力真苦。

我不認為我身邊的雙魚座都在騙人，他們的心都是真的，可是他們的能力都是不足的。我也認識老一輩的有錢雙魚座，坐擁上億資產，他會說計程車司機好可憐喔，好多空班，可是他卻不捨得花錢來坐計程車，或者是他會覺得路邊兜售小東西的人很可憐，可是他們卻不會將錢掏出口袋來購買。

他們真的有那顆心，這就是雙魚最大的特色，他們的同情心都在夢想理想之中，而不在現實內。他們就是沒能力成為在現實中幫助別人的人，雙魚剋相嚴重的人不僅僅會忽略現實，也會忽略自己，當雙魚座發現自己生病時，往往已經病入膏肓。因為他們會忽略自己身體，他們不像處女座，會意識到自己的身體狀態，每天檢查身體，他們活在虛無縹緲之中，很容易忽略貼身的現實。

多數雙魚都沒有能力將家中整理得很整齊與乾淨，我認識的雙魚沒有一個人的家庭是整齊的，都是亂糟糟的，他們沒有能力去整理家務。

當這些人在從事藝術工作時，都好得不得了，因為不管音樂、美術、戲劇都是理想與夢想的出口，他們可以將所有的幻想能力與情感都投注其中，就像他們帶著粉紅色的眼光看著現實世界一般。他們至少可以有個非現實的出口，藝術是另一個夢境的創造，只不過是繪畫、音樂、小說、電影的夢境，文壇與藝術圈中有許多雙魚，這些通常都是具有人生方向的雙魚。當雙魚座沒有創作力時，就會很慘，他們只剩下藝術家的痛苦，可是沒有藝術家的療癒與自癒力。如果你生出雙魚小孩，一定要從小鼓勵、培養他們藝術的能力。因為藝術創作的技術不是與生俱來的，他們一定要有機會。

我認識的雙魚最糟的狀況都是做財務做生意的，因為生意真的不是夢想，雖然暫時夢想有時會顯得很重要。做大生意的雙魚座都是築夢者，可是他們的夢都不是很可靠，三年五年也許可靠，可是七年八年十五年就不牢靠。

並不是雙魚的夢有錯，而是他們夢做得太早，看得太早。在所有的生意人之中，我認為雙魚座生意人會築出最好的夢，他們的生意之夢一定不是完全為了自我，都有夢想家的特質，只是這種特質很難跟現實結合。

雙魚座想說服別人時是非常容易的，我認為雙魚座是最有能力做金光黨的人，你剛認識他時會認為這人如此善良如此虛弱、軟弱、如此沒有能力，怎麼可能騙你呢？事實上雙魚座真的沒有在騙你，因為他們連自己都騙了。而且他們最大的特色是躲避現實責任，容易左耳進右耳出。

雙魚與處女座最大的不同是，雙魚與處女都跟服務有關，處女可以做直接的服務，可是雙魚只能提供間接的服務。雙魚座的間接的服務是說透過音樂小說與藝術，他們可以傳達出更深厚的靈性與同情，可是他們無法像處女一樣提供給他人立即的幫助。雙魚座雖有同情心，卻不適合從事實際的社會工作，即使他們具有同情心，他們可以從事的是靈性的社會服務。像美國預言家愛德格凱西、畫家米開朗基羅與雷諾瓦、《憤怒的葡萄》作者約翰史坦貝克都是雙魚座，蕭邦作品也讓我們覺得充滿感情。

雙魚座很逃避環境，他們很難與環境直接對抗，我們說天秤座的人不直接得罪別人，可是當雙魚座討好你的時候，才是最危險的時候。他們與天秤不同，如果天秤座討好你，一定是因為他們喜歡你。我有個雙魚朋友在我面前批評某人很久了，卻在某次購物時想要幫他討厭的人買禮物。我問他為何要送禮，我朋友說藉由送禮，對方就不會知道他特別討厭這個人了。後來我從其他雙魚身上得到印證，很多雙魚告訴我，當他們討厭一個人時，他們都會對那人堆滿笑容或者特別客氣。

平常當著朋友面前我可能會心直口快當面罵人，可是如果朋友不在我面前時，只要有人在我面前說我朋友壞話，我一定會替朋友辯護，常常會因此造成緊張與難看的場面。我認識的雙魚永遠不會讓自己捲入這樣的場面中。他們不是虛假，平常他們對朋友一定比我對朋友好，但他們就是沒有能力處理這種緊張場面。他們就是逃避所有現實，也會逃避衝突，他們活在自我夢境之中，他們有著與一般人不同的現實感。

月亮雙魚

如果月亮雙魚有剋相時，當事人從小就比較容易感受到家中女性的苦處。月亮會比太陽適合落在雙魚，因為太陽是陽性的力量，碰到雙魚會隱藏起來，月亮碰到雙魚，反而可以加強月亮的能量。月亮雙魚的人很善感，很容易感受到別人情緒的苦，他們在金錢用度上比較大方，因為月亮代表安全感。太陽雙魚的人因為太陽跟金錢無關，雖然他們也很敏感善良，但他們的月亮不見得落在願意將錢交出去的星座上。

月亮雙魚很容易在金錢上為家人付出。我的月亮就落在雙魚，我就有這樣的慣性，只要我家中弟弟或妹妹有需要，我都願意給他們一些金錢上的支援。此外，我在路上看到乞丐或是賣小東西的人，也都會給錢。我有個理論是這些人也都在作工，那些真的會向我討錢或是在街上向我兜售口香糖文具的人也在付出他們的勞力，他們也可以算是種表演業，不管是真的還是假的，而且我算過一個月下來，我在這方面的支出也不過一千多元而已。我的理論是在街上從事弱勢打工的這些人，他們的危害性絕對小於白領犯罪，也比那些貪污浪費公帑的人清高，而且這些人不管賺得再多也比不上炒股上百億的集團，這裡論跟我月亮在雙魚有關。或許的確也許有百分之十到二十是假的，但我們不能因為有些是假的就否定所有需要幫助的人。我們都太容易對於大犯罪掉以輕心，反而對小小的乞丐與街頭小販計較得要命。

月亮雙魚很善感，有剋相時通常童年時期母親精神狀況不是很穩定，也可能童年家庭生活不穩。我的二妹出生前外婆出了大問題，連帶母親大受影響，有一段時間負責照顧我的都是我父親。

太陽雙魚的人意謂著當事人的父親是個夢想家，但是不能幹；月亮雙魚的人則意謂著當事人的媽媽不能幹，是個夢想家。月亮雙魚絕對不會有個很穩定的母親，母親沒有擔負責任的能力，而且會逃避做母親的責任。我媽媽真的很敏感也很善良，但她沒有處理現實生活的能力。以前我媽媽去洗頭時，發現有個小女孩快要被賣到妓女戶，她就將那小女孩從妓女戶贖回，而她去育幼院上班時，那些小朋友都非常喜歡她，但她沒有能力幫家裡小孩洗澡，這種生活瑣事都是我父親在處理。

太陽雙魚的人不擅於處理現實生活瑣事，月亮雙魚的人未必。像我的妹妹良憶是太陽雙魚，前幾年由於父親身體狀況不佳，我請妹妹每年至少要從荷蘭回來兩次，但她每次回國，都不待在家中；我是月亮雙魚太陽天蠍，當我決定要照顧我家人時，我就會將家務事排到我的時間表中，並真的去做。太陽雙魚雖然會這樣想，卻不會這樣做，他們沒有能力吃苦，比較喜歡活在幻境之中。

月亮雙魚的人也很適合藝術工作，同時也代表他們的母親會有藝術傾向。像我的母親一直都說她想寫小說、寫劇本，但她一直沒有做到，這可能是因為她沒有受過良好的訓練，十分可惜。因為對於太陽雙魚的人來說，如果能夠藉由藝術工作發揮雙魚的能量，他們會活得比較快樂。

水星雙魚

水星雙魚的人如果太陽同時也在雙魚，就會非常敏感，水星雙魚的人通常也很容易同情窮人，很容易感受到環境中的受苦情緒，很有藝術天分。像梵谷就是水星雙魚，當他還沒有正式成為畫家之前一直想做牧師，他也曾去比利時礦區當了一陣子傳道士。他畫過一些悲天憫人的畫作，比方像「吃馬鈴薯的人」描述的就是中下階級的生活方式，他在當臨時牧師時曾邀請附近礦工到他的宿舍中，惹得牧師工會很不高興，認為他丟了牧師的權威性，梵谷因此非常失望，覺得這些基督教牧師與教會組織欠缺同情心，後來他才跑去法國，否則之前梵谷並沒有打算要畫畫。

水星雙魚都有很強同情心，也很敏感。所以一個人的水星雙魚時，如果太陽落在金牛或摩羯，會比較好，因為水星的善良能力可以透過務實的太陽表現出來，或者像作家喬哀思就是水星雙魚，他的作品就非常藝術化。他的作品很難了解的原因是因為他的水星跟天王合相。所有水星雙魚的人的藝術創作，不管是寫作、唱歌、電影、藝術、繪畫，一定會顯現出某種靈性與神性，不會是鴛鴦蝴蝶與輕快好玩的品味，他們的作品一定跟人類某種神祕的情操與苦難有關，好比巴哈與梵谷都是水星金星在雙魚座，義大利導演貝托魯奇、爵士樂歌手比莉哈樂黛（Billie Holiday）也是水星金星雙魚，這些人都可以傳達出比較深的情感，之前提過的靈通預言家愛德格凱西（Edgar Cayce）的太陽水星都在雙魚，這也意謂水星雙魚特別容易在心智上容易與神祕境界溝通。

水星雙魚的人通常都不愛說話，他們通常都想得比較多說得比較少。水星雙魚的人會有種特殊的心智能力，他們思考方式比較神祕，這種能力比較朝向宇宙中比較神祕的東西，他們都對神祕學有興趣，即使他們未必從事神祕學相關工作。

金星雙魚

無論男女，金星雙魚的人對於受苦者與引發他們同情心的人很有感，他們最喜歡可憐的弱者，很容易受到弱者的吸引。我有個金星雙魚的朋友，他提起他對什麼對象有好感時，他的第一句話一定是她好可憐，她從小就沒有父母之類的話。

金星雙魚無法抗拒可憐人的吸引力，如果有一天這個人不再可憐了，他們就可能會去找下一個可憐的對象。如果有看過梵谷傳記的人都知道梵谷一直喜歡妓女，他在荷蘭時還曾經不顧家裡的反對，娶過一個其貌不揚的寡婦，他就是喜歡可憐人。

不過，金星雙魚雖然很有同情心，但是未必真的有照顧別人的能力。金星雙魚的人有時會在感情中同時扮演救贖者與受害者，他們一方面認同愛等於救贖對方，但他們也容易成為受害者，容易讓自己變成自身難保的泥菩薩。金星雙魚的男性喜歡脆弱的女生，他們喜歡的女生通常比較軟弱、纖細與女性化；金星雙魚的女性，除非她們的太陽月亮在寶瓶或牡羊，不然她們會很纖細與敏感，她們喜歡打扮，美學比較優雅，像瓷娃娃一樣。

金星雙魚的人也適合從事藝術工作，如果不從事具有創造性的藝術工作的話，金星雙魚的能量可能就會缺乏出口。金星雙魚的創作都喜歡傳達生命痛苦，而且很有感染力，很容易傳達生命的悲傷。小說家愛倫坡（Edgar Allan Poe）與兩大爵士歌手艾拉費茲傑羅跟比莉哈樂黛都是金星雙魚，她們都很擅長藉由歌曲傳遞愛情的痛苦。

火星雙魚

火星雙魚的人不管男女能量都不夠，他們都有點懶惰，他們的能量都不足以永遠維持在高八度的狀況，所以火星雙魚的人如果過著太累的生活、太燃燒自己、太緊繃，就很容易生病。這些人如果要長時間辛苦工作，就要從身體的其他地方借用能量，這樣反而會影響身體。

火星雙魚無論男女，最大的特色就是他們在性行為上，都很容易被引誘，他們沒有抗拒別人的能力，很容易跟別人發生複雜與莫名其妙的關係。

所有雙魚的能量都會讓男性變得較為柔軟，火星雙魚比金星雙魚的男性更陰柔，火星雙魚的男生不可能引誘與強暴別人，只可能躺在那邊被人引誘。火星雙魚的男生對於性都會比較沒有安全感，他們會受比較主動的女性的吸引，跟他們交往的女生通常都會比較主動，因為這些男生都在等待女性主動。

我有個男性朋友跟我說過他被其他女生強暴過，我以前一直覺得怎麼可能。他有回跟劇團的人去外面公演，晚上搭完棚大家一起睡在舞台旁邊，有一個女演員鑽進他的被窩，因為他不敢尖叫，所以那晚他就被強暴了。有些人在這種情況下會拒絕，但他不會。火星雙魚男生會有這種特質，他們沒有能力抗拒當時的狀況，所以很多火星雙魚的出軌會讓太太覺得很頭痛，因為他們不是自己招來的。

火星雙魚的女生喜歡比較柔弱、無能，有精神或是情緒困擾、需要他人幫助的男性。像瑪麗蓮夢露與伊莉莎白泰勒就是這樣。

火星雙魚男往往都會被朋友覺得不夠男子漢，像我有個火星牡羊的朋友帶火星雙魚去酒廊，事後火星牡羊很生氣的跟我抱怨，這位火星雙魚朋友一付不沾鍋的樣子，但那些酒廊小姐卻都對火星雙魚的假聖人充滿興趣。因為酒廊小姐每天都被男生鬧著玩，現在她們可以反過來鬧這個被動的火星雙魚男生，小姐們當然會有興趣，所以火星雙魚的男生有時會受女生歡迎就是這原因，在情欲市場上具有這種特質的男生並不多，他們在性行為上的反其道而行，反而對主動的女生格外有吸引力。在男女關係中，永遠是異性相吸。

木星雙魚

木星代表的是一個人使用社會能量的地方，不過，當一個人的星圖的各方面相關強度不足以支撐木星能量時，當事人就不容易得到木星的好處。

木星在雙魚名單有音樂家舒伯特、孟德爾頌，歌手史蒂夫汪達、艾拉費茲傑羅，畫家林布蘭特、保羅克利、達文西，作家歌德、喬治歐威爾、愛倫坡等，這名單中每個名人都是藝術創作者。木星雙魚如果沒有從事創作的話，代表他們星圖上的木星雙魚能量被浪費掉了，他們最適合發展的是透過藝術創作表達自己與社會的關係，他們可以開拓藝術能量的想像與直覺，可以透過藝術去傳達神祕的直覺，因為他們與神祕世界之間具有連結。

所有的雙魚都容易有癮頭，有些人容易對愛上癮，有些人會對毒品上癮，有些人會對藥品上癮。木星雙魚如果有剋相時，就容易會有菸、酒、毒品成癮的問題，他們會特別容易受到雙魚負面能量的吸引。

土星雙魚

雙魚跟藝術有關，土星雙魚代表當事人在藝術創作上會受到限制，或者當事人得要花很多年的時間，才有辦法將自己的創作能量表達出來。土星跟現實有關，土星能量會讓漫無邊際的雙魚產生邊界，因此土星雙魚的人可能特別會將能量集中在雙魚跟現實相關的部分。他們可能會利用雙魚能量來服務現實中的某些工作，或者具有現實責任感，希望將同情心世俗化，或者希望替同情心找到現實目標。譬如馬克思的土星在雙魚，我們可以發現，馬克思將雙魚能量完全政治與結構化，在窮人這麼多的狀況下——他將同情的能量放在讓大家都一起沒有錢上面，解決貧窮的問題就是讓大家都一樣窮，只要大家都是無產階級，就不會有貧富不均的問題產生。

印象派畫家高更的土星也在雙魚，有意思的地方在於，在高更身上，土星雙魚顯現在起步很晚，高更從小到大都一直沒有緣分能從事藝術創作，遲到三十六歲才開始畫畫。此外，之前他在銀行工作，後來跑去大溪地，得了梅毒死於大溪地，一輩子創作時間很短，由於當時經濟不景氣，畫作很難賣出去，所以生前一直很窮困，死後才聲名大噪。

法國的作家兼哲學家沙特也是土星雙魚，沙特年輕時寫過很多小說，可是大家都不記得了，大家大概都只記得沙特是存在主義大師，從事過很多社會運動。土星雙魚的特色就是藝術不能只是純藝術，他認為必須為社會而藝術，為社會而雙魚，土星會使得他必須將雙魚的東西植入現實中。所以沙特會從事實際的社會運動，馬克思要做革命，高更的創作力量會延遲，這都是因為他們的雙魚能量遇到了土星的邊界、現實與障礙。

天王星雙魚

一九一九年到一九二八年，以及我們剛剛經歷過的二〇〇四到二〇一二年是天王星雙魚座的時代。天王星雙魚最有意思的地方在於，所有跟雙魚有關的事物都會以很古怪的風貌出現，比方這個期間出現很多新興宗教，或者像西元一九一九到一九二八年超現實與立體主義興起。以繪畫而言，超現實主義是以奇特的繪畫語言表達夢境，立體主義也是以比較古怪的天王方式去傳達藝術感染力，當木土天海冥等外行星，與個人本命星圖的內行星有互動時，最容易激發內行星的能量。當時的代表畫家保羅克利（Paul Klee）的月亮跟木星在雙魚合相，所以在天王星雙魚年代，保羅克利會容易出頭。

一九一九年到一九二八年也是爵士樂年代，爵士樂傳達出天王星的無常與雙魚的即興，在音樂史上它是最天王星的音樂型態。它是一種發展自古典樂而打破古典音樂的語言，很多古典音樂的對位法被爵士樂打破了。

雙魚也跟酒精、迷幻藥有關。美國在一九二〇年代實施禁酒令，一九一九年到一九二八年卻也是美國私酒流行的年代，禁止酒類買賣的禁酒令反而讓私酒更為流行。

本命天王雙魚的人具有將雙魚能量用古怪、前衛的方式發揮的特質，天王星雙魚的哈佛教授提莫斯賴瑞（Timothy Leary），他就因為對ＬＳＤ迷幻藥的研究，在一九六〇成為嬉皮運動的精神領袖。以音樂而言，莫札特也是天王星雙魚，現代人多半不曉得莫札特是那個年代的音樂前衛大師，雖然享有盛名，但當時整個維也納都不太能接受他的創作，《費加洛婚禮》在維也納遭到禁演，《魔笛》當年首演時他是被噓下台的。

由於雙魚與夢境有關，一九一九年到一九二八年的天王星雙魚是電視電影開始發展的時期，因為這些領域能讓雙魚透過藝術將夢境表達出來。天王星雙魚時，與神祕主義有關的東西都會以很多不同型式出現而變得熱門，英國的神智學協會在那段時間廣受社會大眾重視，當時也是催眠通靈的流行時期。

天王星雙魚跟海王星寶瓶兩者很容易混淆。前一章提到，海王星寶瓶的年代，很多人會將寶瓶領域的新科技與另類療法當成宗教與救贖，而天王星雙魚則代表雙魚領域的事物因為天王星而產生質變，跟雙魚最有關的事物就是藥物，所以天王星雙魚的年代有很多革命性的新藥出現，許多新興毒品也在天王星雙魚時開始盛行。

從這邊我們可以看出兩者的差別：海王星寶瓶時，社會集體會對寶瓶領域的事物懷抱夢想，影響到的是寶瓶相關的高科技跟另類療法；而天王星雙魚則帶來雙魚領域的創新與突破，所以各種新式毒品跟天王星雙魚有關，跟海王星寶瓶無關。

海王星雙魚

經過天王星雙魚跟海王星寶瓶的年代之後，從二〇一一年開始，海王星進入了雙魚，代表整個雙魚能量進入巨大的整合時期。我們回頭看一八四六年到一八六一年的海王星雙魚時期，當時整個世界流行浪漫神祕主義，音樂家李斯特與蕭邦都在那個時期當紅，還有加州流行淘金樂，當時整個世界都在流行開發新藥，也在談輪迴靈媒。

氣功是寶瓶，通靈才是雙魚，氣功代表的是對於這世界的能量一種獨特的使用方式，雙魚一定是跟前世今生隱藏的事物有關，磁場是寶瓶不是雙魚，因為磁場可以用儀器測量出來，心電感應有一部分屬於靈魂是雙魚的，屬於身心磁場接近的部分則是天王星的，比方說很多人可以看見氣場靈光，看得到靈光這件事情是天王星，像我就拍過靈光照，靈光就可以拍得出來，但看前世今生或通靈則是雙魚。

雙魚跟寶瓶很容易混淆，寶瓶就是現在還沒有被發現，但未來可能被發現的存在事實，所以占星學也是寶瓶，而通靈則屬於雙魚，通靈無法教授。天王星的所有東西都跟現實有關，它們也許會在未來成為現實，可是海王星的東西與我們現實經驗無關。

海王雙魚代表從西元二〇一一年到二〇二五年時，我們會經驗到神祕主義與浪漫主義的重新回歸，神祕主義會成為世界主流。

冥王星雙魚

冥王星要等到二〇四四才會進入雙魚，我們即使遇得到也已經年紀很大了。

我們很難想像冥王星進入雙魚時，世界上的財團與政治圈會如何造夢，但也許可以透過歷史學到點經驗。一七九七年到一八二三年期間冥王星進入雙魚座，當時有許多政治家，比方像拿破崙曾經懷抱遠大的幻夢，但他的歐洲聯邦計畫最終失敗。在藝術界中，純藝術展現出較以往更為強大的激情與欲望，比方像歌德的作品《浮士德》，或者像貝多芬的作品，還有西班牙藝術家哥雅晚年戰爭悲劇的畫作，當時的政治也有強烈的變動，透過政治變動，很多人會體會到雙魚世界與人生的悲苦。

雙魚跟藥物有關，冥王星雙魚的時候，藥品應該會成為最重要的產業，很多藥廠可能會發大財。雙魚也跟藝術有關，冥王星雙魚的藝術家比較能夠面對現實，比較願意務實的去做一些招募資金之類的工作。冥王星雙魚能量會讓當時的社會氛圍產生濟弱扶傾的激情與實踐的勇氣，但在那個時期出生的人們，在犧牲自我的同時也應該提防極端主義與情緒的過度敏感，以免衍生出不夠理智的行為與避世的強烈渴望。不過話說回來，這已經是不知多久之後才需要擔心的事了。

韓良露生命占星學院 04

十二星座：

行星與星座互動的生命密碼

作　　者／韓良露
撰述委員／宋偉祥、李幸宜、曾睦美、繆沛倫、韓沁林、羅美華
特約主編／繆沛倫
美術設計／蔡怡欣、Bear 工作室

創 辦 人／朱全斌
董 事 長／施俊宇
社　　長／許悔之
營 運 長／李長軒
編輯出版／南瓜國際有限公司
地址：110 台北市信義區東興路 45 號 8 樓
客服電話：（02）2795-3656
傳真：（02）2795-4100
總 經 銷／紅螞蟻圖書有限公司
地址：114 台北市內湖區舊宗路二段 121 巷 19 號
電話：（02）2795-3656
傳真：（02）2795-4100
網址：www.redant.com

ISBN 978-986-92916-4-4
初版一刷 2016 年 10 月 15 日
定價／350 元

韓良露生命占星學院 https://www.facebook.com/LuluAstrology

國家圖書館出版品預行編目 (CIP) 資料

十二星座 : 行星與星座互動的生命密碼 / 韓良露著 .
-- 初版 . -- 臺北市 : 南瓜國際 , 2016.10.
面； 公分
ISBN 978-986-92916-4-4(平裝) 1. 占星術
292.22　　105018809